Stewardship
A DISCIPLE'S RESPONSE

NATIONAL CONFERENCE OF CATHOLIC BISHOPS

In November 1989, the membership of the National Conference of Catholic Bishops approved a recommendation made by the NCCB Ad Hoc Committee on Stewardship that a pastoral letter on stewardship be developed. The pastoral letter, *Stewardship: A Disciple's Response,* prepared by the Ad Hoc Committee on Stewardship, was approved by the NCCB Administrative Committee in September 1992 for presentation to the membership of the National Conference of Catholic Bishops in November 1992. *Stewardship: A Disciple's Response* was approved at that meeting and is authorized for publication by the undersigned.

Monsignor Robert N. Lynch
General Secretary

December 21, 1992   NCCB/USCC

Excerpts from Romano Guardini, *The Lord* (Chicago: Henry Regnery Company, 1954), pp. 16-17, 37, 364; used with permission.

Excerpts from William Reiser, SJ, *An Unlikely Catechism: Some Challenges for the Creedless Christian* (New York: Paulist Press, 1985), pp. 51, 161; used with permission.

Excerpts from the United Church of Christ, *Christian Faith: Personal Stewardship and Economic Sharing* (Eighteenth General Synod, February 20, 1991); used with permission.

Excerpts from Robert N. Bellah, et. al., *Habits of the Heart: Individualism and Commitment in American Life* (New York: Harper and Row, 1985), p. 66; used with permission

Excerpts from Anwar el-Sadat, *In Search of Meaning* (New York: Harper and Row, 1977), p. 82; used with permission.

Excerpts from Frederick Buechner, *The Hungering Dark* (New York: The Seabury Press, 1981), p. 27; used with permission.

Excerpts from James Bacik, *Contemporary Theologians* (Chicago: The Thomas More Press, 1989), p. 237; used with permission.

Excerpts from Stanley Hauerwas, *A Community of Character: Toward a Constructive Christian Social Ethic* (Notre Dame, Ind.: University of Notre Dame Press, 1981), p. 60; used with permission.

Excerpts from *The Documents of Vatican II,* Walter M. Abbott, SJ, General Editor, copyright © 1966, The America Press, Inc., 106 West 56th Street, New York, N.Y., are reprinted with permission. All rights reserved.

Excerpts from *The New American Bible,* copyright © 1970 (including the Revised New Testament 1986), used with permission of the copyright holder, the Confraternity of Christian Doctrine, Washington, D.C. All rights reserved.

Grateful acknowledgment is extended to the National Catholic Development Conference and the National Catholic Stewardship Council, whose financial support has enabled this project to be undertaken.

ISBN 1-55586-567-4

Contents

Stewardship
A DISCIPLE'S RESPONSE

As each one has received a gift,
use it to serve one another
as good stewards of God's varied grace
(1 Pt 4:10).

Introduction

Three convictions in particular
underlie what we say in this pastoral letter.

1. Mature disciples make
a conscious, firm decision,
carried out in action,
to be followers of Jesus Christ
no matter the cost to themselves.

2. Beginning in conversion,
change of mind and heart,
this commitment
is expressed not in a single action,
nor even in a number of actions
over a period of time,
but in an entire way of life.
It means committing
one's very self
to the Lord.

3. Stewardship is an expression of discipleship,
with the power to change
how we understand and live out our lives.
Disciples
who practice stewardship
recognize God
as the origin of life,
the giver of freedom,
the source of all they have and are and will be.
They are deeply aware of the truth that
"The Lord's are the earth and its fullness;
the world and those who dwell in it" (Ps 24:1).
They know themselves to be recipients and caretakers
of God's many gifts.
They are grateful
for what they have received
and eager to cultivate their gifts
out of love for God
and one another.

THE CHALLENGE

In some ways
it may be harder
to be a Christian steward today
than at times in the past.

Although religious faith is a strong force
in the lives of many Americans,
our country's dominant secular culture
often contradicts the values
of the Judaeo-Christian tradition.
This is a culture
in which destructive "isms" —
materialism,
relativism,
hedonism,
individualism,
consumerism —
exercise seductive, powerful influences.
There is a strong tendency
to privatize faith,
to push it to the margins of society,
confining it to people's hearts
or, at best, their homes,
while excluding it from the marketplace of ideas
where social policy is formed
and men and women acquire their view of life
and its meaning.

THE CHOICE

Christians
are part of this culture,
influenced by it
in many ways.

In recent decades
many Catholics in particular
have entered into

the mainstream of American society.
That has been
a remarkable achievement.
Often, though,
this process also has widened
the "split" between faith and life
which Vatican II saw as one of
"the more serious errors
of our age" (*Gaudium et Spes,* 43).
Thus American Catholicism itself
has taken on
some of the less attractive values
of the secular culture.

For example,
although religious people often speak about
community,
individualism infects the religious experience
of many persons.
Parishes,
dioceses,
and church institutions
appear impersonal and alienating
in the eyes of many.
Evangelization
is not the priority it should be.
How to use people's gifts and charisms,
how to empower the laity,
how to recognize the role of women,
how to affirm racial, cultural, and ethnic minorities,
how to overcome poverty and oppression —
these and countless other issues
remain vexing questions,
as well as
opportunities.

Also,
while many Catholics are generous
in giving of themselves
and their resources
to the Church,

others do not respond
to the needs
in proportion
to what they possess.
The result now is a lack of resources
which seriously hampers
the Church's ability
to carry out its mission
and obstructs
people's growth as disciples.

This pastoral letter recognizes the importance
of church support,
including the sharing of time, talent, and treasure.
But it situates
church support
in its broader context —
what it means to be
a disciple
of Jesus Christ.

This also
is the context
of stewardship.
Generous sharing of resources,
including money,
is central to its practice,
and church support
is a necessary part of this.
Essentially,
it means
helping the Church's mission
with money, time, personal resources of all kinds.
This sharing is not an option for Catholics
who understand
what membership in the Church involves.
It is a serious duty.
It is a consequence
of the faith
which Catholics profess
and celebrate.

This pastoral letter initiates
a long-term, continuing process
encouraging people
to examine and interiorize
stewardship's implications.
At the start of this process
it is important to lay out
a comprehensive view of stewardship
— a vision of a sharing, generous, accountable way of life
rooted in Christian discipleship —
which people can take to heart
and apply to the circumstances
of their lives.
Concentrating on one specific obligation of stewardship,
even one as important as church support,
could make it harder
— even impossible —
for people to grasp the vision.
It could imply
that when the bishops
get serious about stewardship,
what they really mean is
simply giving money.

THE VISION

Jesus' invitation
to follow him
is addressed to people
of every time and condition.
Here and now
it is addressed to us —
Catholic citizens
of a wealthy, powerful nation
facing many questions
about its identity and role
in the waning years
of a troubled century,
members of a community of faith
blessed with many human
and material resources

Photo by Jeffrey High/Image Productions

yet often uncertain
about how to sustain
and use them.

As bishops, we wish
to present a vision
that suits
the needs and problems
of the Church in our country today
and speaks to those
who practice Christian stewardship
in their particular circumstances.

What we say here
is directed to ourselves
as much as to you
who read these words.
As bishops,
we recognize our obligation
to be models of stewardship
in all aspects of our lives.
We must be stewards
in our prayer and worship,
in how we fulfill
our pastoral duties,
in our custody of the Church's
doctrine, spiritual resources, personnel, and funds,
in our life-style and use of time,
and even in such matters
as the attention we give to
personal health and recreation.

As we ask you to respond
to the challenge of stewardship,
we pray that we also
will be open to the grace to respond.
We pray
that the Holy Spirit, whose gracious action
conforms us to Jesus Christ and to the Church,
will enlighten us all and help us to renew our commitment
as the Lord's disciples and as stewards of his bountiful gifts.

THE PLAN OF THE PASTORAL LETTER

The pastoral letter proceeds according to the following plan.

I. *THE CALL.* Stewardship is part of discipleship. But Christian discipleship begins with vocation, the call to follow Jesus and imitate his way of life. The letter therefore begins with vocation. Then it presents a very general overview of stewardship, considered in the context of discipleship, noting that people first of all are stewards of the personal vocations they receive from God. Discipleship and the practice of stewardship constitute a way of life that is both privileged and challenging.

II. *JESUS' WAY.* Next, the pastoral letter focuses more closely on the idea of stewardship, relying on the teaching and life of Jesus to probe its meaning. It considers the implications for disciples of Jesus engaged in stewardship. One of these is that all are called to evangelize, to share the good news with others. And what is the reward to which good stewards can look forward? The answer is perfect fulfillment in God's kingdom— a kingdom already present, real but imperfect, in this world, which Jesus' disciples help bring to its full reality by the practice of stewardship.

III. *LIVING AS A STEWARD.* Having reflected in general terms upon Christian life considered from the point of view of discipleship and stewardship, the letter turns to the content of this way of life. It considers the content of life in relation to two human activities that are fundamental to the Christian vocation. The first is collaborating with God in the work of creation. The second is cooperating with God in the work of redemption. Both lie at the very heart of Christian stewardship in its deepest meaning.

Who is a Christian steward?
One who receives God's gifts gratefully, cherishes and tends them in a responsible and accountable manner, shares them in justice and love with others, and returns them with increase to the Lord.

IV. *STEWARDS OF THE CHURCH.* The pastoral letter next considers the community of faith, the people of God, which is formed by the New Covenant in and through Christ. Each member of the Church shares in responsibility for its mission; each is called to practice stewardship of the Church. Christians also are called to look outward and to place themselves at the service of the entire human community, especially those who are most in need. The Eucharist is both the sign and the agent of this expansive communion of charity.

V. *THE CHRISTIAN STEWARD*. The letter closes with a brief portrait or profile of the Christian steward, drawn from the New Testament. In a special way, the Blessed Virgin is the model of Christian discipleship and of the practice of Christian stewardship as it is understood here. Do we also wish to be disciples of Jesus Christ and to live in this way?

Who is a Christian disciple? One who responds to Christ's call, follows Jesus, and shapes his or her life in imitation of Christ's. Who is a Christian steward? One who receives God's gifts gratefully, cherishes and tends them in a responsible and accountable manner, shares them in justice and love with others, and returns them with increase to the Lord.

Genesis tells us that God placed the first human beings in a garden to practice stewardship there — "to cultivate and care for it" (Gn 2:15). The world remains a kind of garden (or workshop, as some would prefer to say) entrusted to the care of men and women for God's glory and the service of humankind. In its simplest yet deepest sense, this is the Christian stewardship of which the pastoral letter speaks.

For Reflection and Discussion

1. Do you agree with the bishops' reasons for writing and publishing a pastoral letter on stewardship?

2. Were you surprised (or, perhaps, disappointed) by the bishops' "high road" discourse on stewardship, seemingly unrelated to pressing financial problems in the contemporary Church?

3. Would you add to or subtract from the bishops' three basic convictions that underlie the whole pastoral letter?

4. Do you agree or disagree that in our United States' culture materialism, relativism, hedonism, individualism, consumerism, and other evil "isms" are at work and influential?

5. In your life, what may be (or actually is) the major obstacle to practicing stewardship in the context of Christian discipleship?

6. If you were encouraged to advise the bishops on how to be faithful stewards, what advice would you offer?

7. What does the word of God say to you regarding discipleship and stewardship? Share your reflections with others.

> Thus should one regard us: as servants of Christ and stewards of the mysteries of God. Now it is of course required of stewards that they be found trustworthy (1 Cor 4:1-2).

> If a brother or sister has nothing to wear and has no food for the day, and one of you says to them, "Go in peace, keep warm, and eat well," but you do not give them the necessities of the body, what good is it? So also faith of itself, if it does not have works, is dead (Jas 2:15-17).

The Lord replied, "Who, then, is the faithful and prudent steward whom the master will put in charge of his servants to distribute [the] food allowance at the proper time? Blessed is that servant whom his master on arrival finds doing so. Truly, I say to you, he will put him in charge of all his property" (Lk 12:42-44).

8. Comment on the following passages:

The disciples are not only to learn humility and fraternal love, they must actually participate in the mystery (Romano Guardini).

But the fundamental law of discipleship is this: being-with-Jesus means learning to go where Jesus is. Being-with-Jesus should eventually bring us to identify with the world and the people with whom Jesus identifies himself (William Reiser).

Being a steward means living with trust in God's generosity and a responsible tending of that which God has entrusted to us. It also means the fair, just, and righteous sharing of resources with others (United Church of Christ, *Christian Faith: Personal Stewardship and Economic Sharing*).

It is indeed an exacting discipline to try to be the Church in a culture such as ours. All the assumptions upon which we could rely, which we could take for granted in other times and places, are missing. It is therefore necessary to demonstrate, in the face of cultural skepticism, what a community of loyal and committed believers is really like (Robert N. Bellah).

The Call

I

*A*s *our concept of stewardship continues to evolve after twelve years of marriage, we are grateful for the people who have challenged us from the beginning to embrace fully Christ's teachings. They weren't always telling us the things we wanted to hear, but we feel blessed that we were able to work through the initial frustrations of committing the best portion of our time, talent, and treasure to the Church. It's difficult to separate ourselves from the demands and possessions of the world, but there's a tremendous amount of peace that comes from every decision we make for Christ and his will for us. We can't overstate the powerful impact the life-style has had on our marriage and three children.*

Tom and LaNell Lilly, Owensboro, Kentucky

THE DISCIPLE'S VOCATION

The Christian vocation is essentially a call to be a disciple of Jesus. Stewardship is part of that. Even more to the point, however, Christians are called to be good stewards of the personal vocations they receive. Each of us must discern, accept, and live out joyfully and generously the commitments, responsibilities, and roles to which God calls him or her. The account of the calling of the first disciples, near the beginning of John's gospel, sheds light on these matters.

John the Baptist is standing with two of his disciples — Andrew and, according to tradition, the future evangelist John — when Jesus passes by. "Behold," John the Baptist exclaims, "the Lamb of God!" Wondering at these words, his companions follow Christ.

"What are you looking for?" Jesus asks them. "Rabbi," they say, "Where are you staying?" "Come and you will see." They spend the day with him, enthralled by his words and by the power of his personality.

Deeply moved by this experience, Andrew seeks out his brother Simon and brings him to Jesus. The Lord greets him: "You will be called Kephas" — Rock. The next day, encountering Philip, Jesus tells him: "Follow me." Philip finds his friend Nathanael and, challenging his skepticism, introduces him to the Lord. Soon Nathanael too is convinced: "Rabbi, you are the Son of God; you are the King of Israel."

Jesus not only calls people to him but also forms them and sends them out in his service.

This fast-paced narrative at the beginning of John's gospel (see Jn 1:35-50) teaches a number of lessons. For our purposes, two stand out.

One is the personal nature of a call from Jesus Christ. He does not summon disciples as a faceless crowd but as unique individuals. "How do you know me?" Nathanael asks. "Before Philip called you," Jesus answers, "I saw you under the fig tree." He knows people's personal histories, their strengths and weaknesses, their destinies; he has a purpose in mind for each one.

This purpose is individual vocation. "Only in the unfolding of the history of our lives and its events," says Pope John Paul II, "is the eternal plan of God revealed to each of us" (*Christifideles Laici,* 58). Every human life, every personal vocation, is unique.

And yet the vocations of all Christians do have elements in common. One of these is the call to be a disciple. In fact, we might say that to be disciples — to follow Christ and try to live his life as our own — *is* the common vocation of Christians; discipleship in this sense *is* Christian life.

The other lesson that John's narrative makes clear is that people do not hear the Lord's call in isolation from one another. Other disciples help mediate their vocations to them, and they in turn are meant to mediate the Lord's call to others. Vocations are communicated, discerned, accepted, and lived out within a community of faith which is a community of disciples (cf. Pope John Paul II, *Redemptor Hominis,* 21); its members try to help one another hear the Lord's voice and respond.

RESPONDING TO THE CALL

Jesus not only calls people to him but also forms them and sends them out in his service (cf. Mt 10:5ff.; Mk 6:7ff.; Lk 9:1 ff.). Being sent on a mission is a consequence of being a disciple. Whoever wants to follow Christ will have much work to do on his behalf — announcing the good news and serving others as Jesus did.

Jesus' call is urgent. He does not tell people

to follow him at some time in the future but here and now — at *this* moment, in *these* circumstances. There can be no delay. "Go and proclaim the kingdom of God.... No one who sets a hand to the plow and looks to what was left behind is fit for the kingdom of God" (Lk 9:60,62).

But a person can say no to Christ. Consider the wealthy and good young man who approaches Jesus asking how to lead an even better life. Sell your goods, Jesus tells him; give to the poor, and follow me. "When the young man heard this statement, he went away sad, for he had many possessions" (Mt 19:22).

Attachment to possessions is always more or less a problem, both for individuals and for the community of faith. In *The Long Loneli-* *ness* (New York: Doubleday/Image Books, 1959), written years after she became a Catholic, Dorothy Day recalls the "scandal" of encountering a worldly Church — or, more properly, the worldliness of some Catholics: "businesslike priests … collective wealth … lack of sense of responsibility for the poor." She concludes: "There was plenty of charity but too little justice" (p. 140).

THE CALL TO STEWARDSHIP

Becoming a disciple of Jesus Christ leads naturally to the practice of stewardship. These linked realities, discipleship and stewardship, then make up the fabric of a Christian life in which each day is lived in an intimate, personal relationship with the Lord.

This Christ-centered way of living has its beginning in baptism, the sacrament of faith. As Vatican II remarks, all Christians are "bound to show forth, by the example of their lives and by the witness of their speech," that new life of faith which begins in baptism and

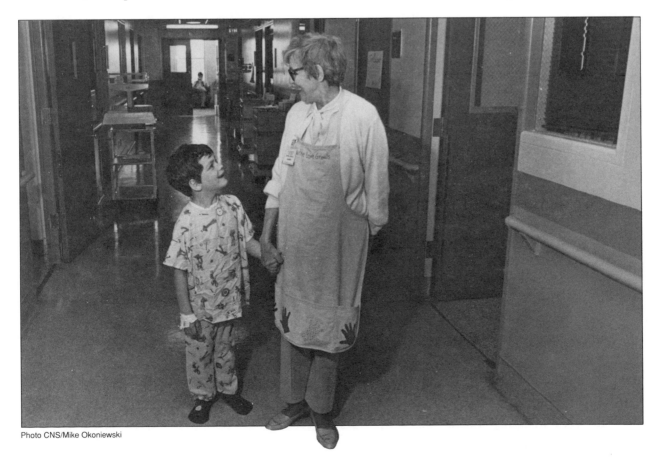

Photo CNS/Mike Okoniewski

is strengthened by the power of the Holy Spirit in confirmation (*Ad Gentes,* 11). Faith joins individuals and the community of Jesus' followers in intimacy with their Lord and leads them to live as his disciples. Union with Christ gives rise to a sense of solidarity and common cause between the disciples and the Lord and also among the disciples themselves.

Following Jesus is the work of a lifetime. At every step forward, one is challenged to go further in accepting and loving God's will.

Refracted through the prisms of countless individual vocations, this way of life embodies and expresses the one mission of Christ: to do God's will, to proclaim the good news of salvation, to heal the afflicted, to care for one's sisters and brothers, to give life — life to the full — as Jesus did.

Following Jesus is the work of a lifetime. At every step forward, one is challenged to go further in accepting and loving God's

will. Being a disciple is not just something else to do, alongside many other things suitable for Christians, it is a total way of life and requires continuing conversion.

Stewardship plays an important role in the lives of people who seek to follow Christ. In particular, as we have said, Christians must be stewards of their personal vocations, for it is these that show how, according to the circumstances of their individual lives, God wants them to cherish and serve a broad range of interests and concerns: life and health, along with their own intellectual and spiritual well being and that of others; material goods and resources; the natural environment; the cultural heritage of humankind — indeed, the whole rich panoply of human goods, both those already realized and those whose realization depends upon the present generation or upon generations yet to come. Catholics have a duty, too, to be stewards of their Church: that community of disciples, that Body of Christ, of which they, individually and together, are the members, and in which "if one part suffers, all the parts suffer with it; if one part is honored, all the parts share its joy" (1 Cor 12:26).

THE COST OF DISCIPLESHIP

The way of discipleship is privileged beyond any other. Jesus says: "I came so that they might have life and have it more abundantly" (Jn 10:10). But discipleship is not an easy way. "If you wish to come after me," Jesus also says, "you must deny yourself and take up your cross daily and follow me. For if you wish to save your life you will lose it, but if

you lose your life for my sake you will save it" (Lk 9:23-24).

The Lord's way is not a way of comfortable living or of what Dietrich Bonhoeffer, in *The Cost of Discipleship,* scornfully calls "cheap grace." This is not real grace but an illusion. It is what happens when people approach the following of Christ as a way to pleasant experiences and feeling good. Bonhoeffer contrasts this with "costly" grace. It is costly because it calls us to follow, and grace because it calls us to follow *Jesus Christ*. It is costly because it requires a disciple for Jesus' sake to put aside the craving for domination, possession, and control, and grace because it confers true liberation and eternal life. It is costly, finally, because it condemns sin, and grace because it justifies the sinner.

But all this is very general. To understand and practice this way of life, people need models to imitate. These exist in abundance in the holy women and men who have gone before us in the faith; while our supreme source of guidance is found in the person and teaching of Jesus. Let us reflect on what he tells us about stewardship.

For Reflection and Discussion

1. Mr. and Mrs. Lilly speak about "giving" the best portion of their time, talent, and treasure to the Church. What might be your "best portion"?

2. In what sense is stewardship more radical than the sharing of time, talent, and money?

3. If you believe that you are "called," what human, personal experience has reinforced your faith in the call?

4. What are some of the reasons why you might hesitate to respond to the Lord's call?

5. Do you feel that to be a faithful steward you will have to do it alone, or can you count on moral support from other sources? Which ones?

6. If you were to be an ideal Christian steward — with the help of God's grace, of course, — what would it cost you in terms of personal sacrifice and hardship?

7. What does the word of God say to you about our vocation to become disciples and stewards of the mysteries of God? Share your reflections with others.

> The word of the LORD came to me thus:
> Before I formed you in the womb I knew you,
>> before you were born I dedicated you,
>> a prophet to the nations I appointed you.
> "Ah, Lord God!" I said,
>> "I know not how to speak; I am too young."

But the LORD answered me,
Say not, "I am too young."
    To whomever I send you, you shall go;
    whatever I command you, you shall speak.
Have no fear before them,
    because I am with you to deliver you,
    says the LORD (Jer 1:4-8).

For I am the least of the apostles, not fit to be called
an apostle, because I persecuted the church of God.
But by the grace of God I am what I am, and his
grace to me has not been ineffective. Indeed, I have
toiled harder than all of them; not I, however, but
the grace of God [that is] with me. Therefore,
whether it be I or they, so we preach and so you
believed (1 Cor 15:9-11).

Here is my servant whom I uphold,
    my chosen one with whom I am pleased,
Upon whom I have put my spirit;
    he shall bring forth justice to the nations,
Not crying out, not shouting,
    not making his voice heard in the street.
A bruised reed he shall not break,
    and a smoldering wick he shall not quench
    (Is 42:1-3).

8. Comment on the following passages:

In the various types and duties of life, one and the
same holiness is cultivated by all who are moved
by the Spirit of God, and who obey the voice of the
Father, worshiping God and Father in spirit and in

truth. These souls follow the poor Christ, the humble and cross-bearing Christ, in order to be made worthy of being partakers in His glory. Every person should walk unhesitatingly according to his own personal gifts and duties in the path of a living faith which arouses hope and works through charity" (Vatican Council II, *Lumen Gentium,* 41).

Without a vocation, man's existence would be meaningless. We have been created to bear the responsibility God has entrusted us with. Though different, each man should fulfill his specific vocation and shoulder his individual responsibility (Anwar el-Sadat).

Like "duty," "law," "religion," the word "vocation" has a dull ring to it, but in terms of what it means, it is really not dull at all. *Vocare,* to call, of course, and man's vocation is a man's calling. It is the work that he is called to in this world, the thing that he is summoned to spend his life doing. We can speak of a man's choosing his vocation, but perhaps it is at least as accurate to speak of a vocation's choosing the man, of a call's being given and a man's hearing it, or not hearing it. And maybe that is the place to start: the business of listening and hearing. A man's life is full of all sorts of voices calling him in all sorts of directions. Some of them are voices from inside and some of them are voices from outside. The more alive and alert we are, the more clamorous our lives are. Which do we listen to? What kind of voice do we listen for? (Frederick Buechner).

Jesus' Way

II

*O*ur parents are an inspiration to us as we look back on their lives of giving themselves for each other and for others. Had it not been for their lives of stewardship and giving, we would not perhaps have the faith we have today; and we want to pass that faith and love on to our children, grandchildren, and others. And then our thoughts are turned to the ultimate sacrifice that Christ made for us. He did so, not because he had to, but because of his great love for us. And to think, all he asks in return is for us to love him and others! But it would mean little to tell someone we love them if we did not try to show that love in a concrete way.

Paul and Bettie Eck, Wichita, Kansas

THE EXAMPLE OF JESUS

Jesus is the supreme teacher of Christian stewardship, as he is of every other aspect of Christian life; and in Jesus' teaching and life self-emptying is fundamental. Now, it might seem that self-emptying has little to do with stewardship, but in Jesus' case that is not so. His self-emptying is not sterile self-denial for its own sake; rather, in setting aside self, he is filled with the Father's will, and he is fulfilled in just this way: "My food is to do the will of the one who sent me and to finish his work" (Jn 4:34).

Jesus' mission is to restore to good order the created household of God which sin has dis-

rupted. He not only perfectly accomplishes this task, but also, in calling disciples, empowers them to collaborate with him in the work of redemption for themselves and on behalf of others.

In describing the resulting way of life, Jesus does not waste time proposing lofty but unrealistic ideals; he tells his followers how they are expected to live. The Beatitudes and the rest of the Sermon on the Mount prescribe the life-style of a Christian disciple (cf. Mt 5:3-7:27). Although it does not suit worldly tastes, "the wisdom of this world is foolishness in the eyes of God" (1 Cor 3:19). One does well to live in this way. "Everyone who listens to these words of mine and acts on them will be like a wise man who built his house on a rock.

. . . Everyone who listens to these words of mine but does not act on them will be like a fool who built his house on sand" (Mt 7:24, 26).

THE IMAGE OF THE STEWARD

Jesus sometimes describes a disciple's life in terms of stewardship (cf. Mt 25:14-30; Lk 12:42-48), not because being a steward is the whole of it but because this role sheds a certain light on it. An *oikonomos* or steward is one to whom the owner of a household turns over responsibility for caring for the property, managing affairs, making resources yield as much as possible, and sharing the resources with others. The position involves trust and accountability.

All temporal and spiritual goods are created by and come from God.

A parable near the end of Matthew's gospel (cf. Mt 25:14-30) gives insight into Jesus' thinking about stewards and stewardship. It is the story of "a man who was going on a journey," and who left his wealth in silver pieces to be tended by three servants.

Two of them respond wisely by investing the money and making a handsome profit. Upon returning, the master commends them warmly and rewards them richly. But the third behaves foolishly, with anxious pettiness, squirreling away the master's wealth and earning nothing; he is rebuked and punished.

The silver pieces of this story stand for a great

deal besides money. All temporal and spiritual goods are created by and come from God. That is true of everything human beings have: spiritual gifts like faith, hope, and love; talents of body and brain; cherished relationships with family and friends; material goods; the achievements of human genius and skill; the world itself. One day God will require an accounting of the use each person has made of the particular portion of these goods entrusted to him or her.

Each will be measured by the standard of his or her individual vocation. Each has received a different "sum" — a unique mix of talents, opportunities, challenges, weaknesses and strengths, potential modes of service and response — on which the Master expects a return. He will judge individuals according to what they have done with what they were given.

St. Ignatius of Loyola begins his *Spiritual Exercises* with a classic statement of the "first principle and foundation" permeating this way of life. "Human beings," he writes, "were created to praise, reverence and serve God our Lord, and by this means to save their souls. The other things on the face of the earth are created for them to help them in attaining the end for which they are created. Hence they are to make use of these things in as far as they help them in the attainment of their end, and they must rid themselves of them in as far as they provide a hindrance to them.... Our one desire and choice should be what is more conducive to the end for which we are created." St. Ignatius, fervently committed to the apostolate as he was, understood that the right use of things includes and requires that they be used to serve others.

What does all this say to busy people immersed in practical affairs? Is it advice only for those whose vocations lead them to withdraw from the world? Not as Jesus sees it: "But seek first the kingdom of God and his righteousness, and all these things will be given you besides" (Mt 6:33).

THE STEWARD'S REWARD

People trying to live as stewards reasonably wonder what reward they will receive. This is not selfishness but an expression of Christian hope. Peter raises the question when he says to Jesus, "We have given up everything and followed you" (Mk 10:28).

Christ's response is more than Peter or any other disciple could reasonably hope or bargain for: "There is no one who has given up house or brothers or sisters or mother or father or children or lands for my sake and for the sake of the gospel who will not receive a hundred times more now in this present age: houses and brothers and sisters and mothers and children and lands, with persecutions, and eternal life in the age to come" (Mk 10:29-30).

That is to say: Giving up means receiving more, including more responsibility as a steward; among the consequences of living this way will be persecution; and even though discipleship and stewardship set the necessary terms of Christian life in this world, they have their ultimate reward in another life.

Start, though, with the here and now. To be a Christian disciple is a rewarding way of life, a way of companionship with Jesus, and the practice of stewardship as a part of it is itself a source of deep joy. Those who live this way are happy people who have found the meaning and purpose of living.

For a long time religious believers — to say nothing of those who do not believe — have struggled with the question of what value to assign human activity. One solution is to consider it a means to an end: do good here and

Photo by Jeffrey High/Image Productions

now for the sake of a reward in heaven. Another solution passes over the question of an afterlife: do good here and now for the sake of making this a better world.

Vatican Council II points to a third solution. It recognizes that human activity is valuable both for what it accomplishes here and now and also for its relationship to the hereafter. But, more important, it stresses not only the discontinuity between here and now and hereafter, but also the astonishing fact of continuity.

God's kingdom already is present in history, imperfect but real (cf. Mt 10:7; *Lumen Gentium,* 48; *Gaudium et Spes,* 39). To be sure, it will come to fulfillment by God's power, on his terms, in his own good time. And yet, by their worthy deeds in this life, people also make a limited but real human contribution to building up the kingdom. They do so with an eye to present happiness and also to the perfect fulfillment which the kingdom — and themselves as part of it — will enjoy in the life to come. The Council, therefore, teaches that the purpose of the human vocation to "earthly service" of one's fellow human beings is precisely to "make

ready the material of the celestial realm" (*Gaudium et Spes,* 38).

In Christ, God has entered fully into human life and history. For one who is Christ's disciple there is no dichotomy, and surely no contradiction, between building the kingdom and serving human purposes as a steward does. These are aspects of one and the same reality — the reality called the Christian life.

Giving up means receiving more, including more responsibility as a steward.

God's kingdom is not an earthly kingdom, subject to decline and decay; it is the everlasting kingdom of the life to come. But that "life to come" is in continuity with this present life through the human goods, the worthy human purposes, which people foster now. And after people have done their best, God will perfect human goods and bring about the final fulfillment of human persons. "The throne of God and of the Lamb will be in it, and his servants will worship him. They will look upon his face, and his name will be on their foreheads. Night will be no more, nor will they need light from lamp or sun, for the Lord God shall give them light, and they shall reign forever and ever" (Rv 22:3-5).

For Reflection and Discussion

1. What are the qualities in the life of Jesus that provide for us a standard by which to live? Make a list of these characteristics and evaluate your own life and the life of your community.

2. If you were preaching a sermon on stewardship, which one of Jesus' parables about stewardship would you emphasize the most?

3. What are the ways by which Jesus set an example of being a perfect steward?

4. What can a good steward realistically expect from God both in this life and in the life to come?

5. What should you do best in God's kingdom on earth to prepare yourself for God's kingdom in heaven?

6. What does the word of God say to you regarding the invitation and challenges in walking the way of Jesus?

> I am the vine, you are the branches. Those who remain in me and I in them will bear much fruit, because without me you can do nothing (Jn 15:5).

> An argument arose among the disciples about which of them was the greatest. Jesus realized the intention of their hearts and took a child and placed it by his side and said to them, "Whoever receives this child in my name receives me, and whoever receives me receives the one who sent me. For the one who is least among all of you is the one who is the greatest" (Lk 9:46-48).

Do not let your hearts be troubled. You have faith in God; have faith also in me. In my Father's house there are many dwelling places. If there were not, would I have told you that I am going to prepare a place for you? And if I go and prepare a place for you, I will come back again and take you to myself, so that where I am you also may be (Jn 14:1-3).

7. Comment on the following passages:

Being-with-Jesus refers to a manner of thinking, of acting, of loving, of relating to others, of viewing the world. It is a way of talking about our willingness to follow Jesus, to be drawn by his example, to learn from him, and to have our loyalties corrected and shaped by his (William Reiser).

The young creature in the stall of Bethlehem was a human being with human brain and heart and soul. And it was God. Its life was to manifest the will of the Father; to proclaim the sacred tidings, to stir mankind with the power of God, to establish the Covenant, and shoulder the sin of the world, expiating it with love and leading mankind through the destruction of sacrifice and the victory of the Resurrection into the new existence of grace. In this accomplishment alone lay Jesus' self-perfection: fulfillment of mission and personal fulfillment were one (Romano Guardini).

Christians, on pilgrimage toward the heavenly city, should seek and savor the things which are above. This duty in no way decreases, but rather increases, the weight of their obligation to work with all men in constructing a more human world. In fact, the mystery of the Christian faith furnishes them with excellent incentives and helps toward discharging this duty more energetically and especially toward uncovering the full meaning of this activity, a meaning which gives human culture its eminent place in the integral vocation of man (*Gaudium et Spes,* 57).

III
Living as a Steward

I have learned to share because I want to, not because I need to. There are no controls, no strings attached, and no guarantee when we give unconditionally. That doesn't mean that in retrospect I haven't questioned my decisions; it simply means that I've tried to look at it as a growth experience, always keeping in mind the life of Jesus Christ. I personally see stewardship as a nurturing process. It is, in a sense, an invitation to reassess our priorities. It is ongoing and often painful, but most of all it brings a personal sense of happiness and peace of mind as I continue my journey through life.

Jim Hogan, Green Bay, Wisconsin

CREATION AND STEWARDSHIP

Although it would be a mistake to think that stewardship by itself includes the whole of Christian life, in probing the Christian meaning of stewardship one confronts an astonishing fact: God wishes human beings to be his collaborators in the work of creation, redemption, and sanctification; and such collaboration involves stewardship in its most profound sense. We exercise such stewardship, furthermore, not merely by our own power but by the power of the Spirit of truth, whom Jesus promises to his followers (cf. Jn 14:16-17), and whom we see at work at the first Pentecost inspiring the apostles to commence that proclamation of the good news which has continued to this day (cf. Acts 2:1-4).

The great story told in Scripture, the story of God's love for humankind, begins with God at work as Creator, maker of all that is: "In the beginning, when God created the heavens and the earth … " (Gn 1:1). Among God's creatures are human persons: "The Lord God formed man out of the clay of the ground and blew into his nostrils the breath of life" (Gn 2:7). God not only creates human beings, however, but bestows on them the divine image and likeness (cf. Gn 1:26). As part of this resemblance to God, people are called to cooperate with the Creator in continuing the divine work (cf. Pope John Paul II, *Laborem Exercens,* 25).

God wishes human beings to be his collaborators in the work of creation, redemption, and sanctification; and such collaboration involves stewardship in its most profound sense.

Stewardship of creation is one expression of this. The divine mandate to our first parents makes that clear. "Be fertile and multiply; fill the earth and subdue it. Have dominion over the fish of the sea, the birds of the air, and all the living things that move on the earth" (Gn 1:28). Subduing and exercising dominion do not mean abusing the earth. Rather, as the second creation story explains, God settled humankind upon earth to be its steward—"to cultivate and care for it" (Gn 2:15).

This human activity of cultivating and caring has a generic name: work. It is not a punishment for or a consequence of sin. True, sin does painfully skew the experience of work: "By the sweat of your face shall you get bread to eat" (Gn 3:19). But, even so, God's mandate to humankind to collaborate with him in the task of creating — the command to work — comes *before* the Fall. Work is a fundamental aspect of the human vocation. It is necessary for human happiness and fulfillment. It is intrinsic to responsible stewardship of the world.

So, as Vatican II observes, far from imagining that the products of human effort are "in opposition to God's power, and that the rational creature exists as a kind of rival to the Creator," Christians see human achievements as "a sign of God's greatness and the flowering of his own mysterious design" (*Gaudium et Spes,* 34). While it is lived out by individual women and men in countless ways corresponding to their personal vocations, human cooperation with God's work of creation in general takes several forms.

COLLABORATORS IN CREATION

One of these is a profound reverence for the great gift of life, their own lives and the lives of others, along with readiness to spend themselves in serving all that preserves and enhances life.

This reverence and readiness begin with opening one's eyes to how precious a gift life really is — and that is not easy, in view of our tendency to take the gift for granted. "Do any human beings ever realize life while they live it? — every, every minute?" demands Emily in *Our Town*. And the Stage Manager replies, "No. The saints and poets, maybe — they do some" (Thornton Wilder, *Our Town* [New York: Harper and Row, 1958], p. 100). Yet it is necessary to make the effort. For Vatican II speaks of the "surpassing ministry of safeguarding life" and declares that "from the moment of its conception life must be guarded with the greatest care" (*Gaudium et Spes,* 51).

Partly too, stewardship of the world is expressed by jubilant appreciation of nature, whose God-given beauty not even exploitation and abuse have destroyed.

And for all this, nature is never spent;
    There lives the dearest freshness
        deep down things
And though the last lights off the black
    West went
    Oh, morning, at the brown brink
        eastward springs—
Because the Holy Ghost over the bent
    World broods with warm breast and
        with ah! bright wings.
(Gerard Manley Hopkins, "God's
Grandeur" in *Poems of Gerard Manley
Hopkins* [New York, Oxford Universi-
ty Press, 1950], p. 70)

Beyond simply appreciating natural beauty,
there is the active stewardship of ecological
concern. Ecological stewardship means cultivating a heightened sense of human interdependence and solidarity. It therefore calls for
renewed efforts to address what Pope John

Paul II calls "the structural forms of poverty"
existing in this country and on the international level (*Message for the World Day of Peace,*
January 1, 1990). And it underlines the need
to reduce military spending and do away with
war and weapons of war.

*Ecological stewardship means
cultivating a heightened sense
of human interdependence and solidarity.*

Especially this form of stewardship requires
that many people adopt simpler life-styles.
This is true not only of affluent persons and
societies, but also of those who may not be
affluent as that term is commonly understood
yet do enjoy access to superfluous material
goods and comforts. Within the Church, for
example, it is
important to avoid
even the appear-
ance of consumer-
ism and luxury,
and this obligation
begins with us
bishops. As Pope
John Paul II says,
"simplicity, moder-
ation, and disci-
pline, as well as a
spirit of sacrifice,
must become a part
of everyday life,
lest all suffer the
negative conse-
quences of the
careless habits of a
few" (ibid.).

Photo by Jeffrey High/Image Productions

At the same time, life as a Christian steward also requires continued involvement in the human vocation to cultivate material creation. This productivity embraces art, scholarship, science, and technology, as well as business and trade, physical labor, skilled work of all kinds, and serving others. So-called ordinary work offers at least as many opportunities as do supposedly more glamorous occupations. A woman who works at a supermarket checkout counter writes: "I feel that my job consists of a lot more than ringing up orders, taking people's money, and bagging their groceries.… By doing my job well I know I have a chance to do God's work too. Because of this, I try to make each of my customers feel special. While I'm serving them, they become the most important people in my life" (Maxine F. Dennis, in *Of Human Hands* [Minneapolis and Chicago: Augsburg Fortress/ACTA Publications, 1991], p. 49).

REDEMPTION AND STEWARDSHIP

Everyone has some natural responsibility for a portion of the world and an obligation in caring for it to acknowledge God's dominion. But there are also those who might be called stewards by grace. Baptism makes Christians stewards of this kind, able to act explicitly on God's behalf in cultivating and serving the portion of the world entrusted to their care. We find the perfect model of such stewardship in the Lord. "For in him all the fullness was pleased to dwell, and through him to reconcile all things for him, making peace by the blood of his cross" (Col 1:19-20); and finally it will be he who "hands over the kingdom to his God and Father" (1 Cor 15:24).

Although Jesus is the unique priest and mediator, his disciples share in his priestly work. Baptism makes them "a royal priesthood" (1 Pt 2:9) called to offer up the world and all that is in it—especially themselves—to the Lord of all. In exercising this office, they most fully realize the meaning of our Christian stewardship. Part of what is involved here for Catholics is a stewardship of time, which should include setting aside periods for family prayer, for the reading of Scripture, for visits to the Blessed Sacrament, and for attendance at Mass during the week whenever this is possible.

Participation in Christ's redemptive activity extends even, though certainly not only, to the use people make of experiences that otherwise might seem the least promising: deprivation, loss, pain. "Now I rejoice in my sufferings for your sake," St. Paul says, "and in my flesh I am filling up what is lacking in the afflictions of Christ on behalf of his body, which is the church" (Col 1:24). Here also one looks to Jesus to lead the way. For one's estimate of suffering, as Pope John Paul II points out, is transformed by discovering its "salvific meaning" when united with the suffering of Christ (*Salvifici Doloris*, 27).

Penance also belongs to this aspect of Christian life. Today as in the past, the Church commends what Pope Paul VI called the "traditional triad" of prayer, fasting, and almsgiving (*Paenitemini,* February 17, 1966), while also encouraging Catholics to adopt penitential practices of their own choice that suit their particular circumstances.

Through penance voluntarily accepted one gradually becomes liberated from those obstacles to Christian discipleship which a secularized culture exalting individual gratification places in one's way. These obstacles include not just the quest for pleasure but avarice, a craving for the illusion of absolute dominion and control, valuing creatures without reference to their Creator, excessive individualism, and ultimately the fear of death unrelieved by hope for eternal life.

These are consequences of sin—sin which threatens the way of life of Christian stewardship and the identity of Christians as disciples of the Lord. "Let us master this great and simple truth," Cardinal Newman once said, "that all rich materials and productions of this world, being God's property, are intended for God's service; and sin only, nothing but sin, turns them to a different purpose" ("Offerings for the Sanctuary" in *Parochial and Plain Sermons* [San Francisco: Ignatius Press, 1987], p. 1368).

Sin causes people to turn in on themselves; to become grasping and exploitative toward possessions and other people; to grow accustomed to conducting relationships not by the standards of generous stewardship but by the calculus of self-interest: "What's in it for me?" Constantly, Christians must beg God for the grace of conversion: the grace to know who they are, to whom they belong, how they are to live — the grace to repent and change and grow, the grace to become good disciples and stewards.

But if they do accept God's grace and, repenting, struggle to change, God will respond like the father of the Prodigal Son. "Filled with compassion" at seeing his repentant child approaching after a long and painful separation, this loving parent "ran to his son, embraced him and kissed him" even before the boy could stammer out the words of sorrow he had rehearsed (Lk 15:20). God's love is always there. The Spirit of wisdom and courage helps people seek pardon and be mindful, in the face of all their forgetting, that the most important work of their lives is to be Jesus' disciples.

Thus, the stewardship of disciples is not reducible only to one task or another. It involves embracing, cultivating, enjoying, sharing — and sometimes also giving up — the goods of human life. Christians live this way in the confidence that comes from faith: for they know that the human goods they cherish and cultivate will be perfected — and they themselves will be fulfilled — in that kingdom, already present, which Christ will bring to perfection and one day hand over to the Father.

For Reflection and Discussion

1. If you were to undertake stewardship as a way of Christian life, what major problems and pain would you anticipate?

2. In your lifetime, how have you experienced co-creation with God?

3. How do you relate Christian stewardship to ecology, to your personal care for the environment?

4. How do you react to the idea of "being our brother's keeper," of being involved in efforts to curtail consumerism so that God's good things will benefit not only some but all people?

5. Do you see the theological connection between stewardship and "priestly mediation"?

6. What does the word of God say to you regarding the life of stewardship?

> You are the salt of the earth. But if salt loses its taste, with what can it be seasoned? It is no longer good for anything but to be thrown out and trampled underfoot. You are the light of the world. A city set on a mountain cannot be hidden. Nor do they light a lamp and then put it under a bushel basket; it is set on a lampstand, where it gives light to all in the house. Just so, your light must shine before others, that they may see your good deeds and glorify your heavenly Father (Mt 5:13-16).

> There are different kinds of spiritual gifts but the same Spirit; there are different forms of service but the same Lord; there are different workings but the

same God who produces all of them in everyone
(1 Cor 12:4-6).

It was not you who chose me, but I who chose you
and appointed you to go and bear fruit that will
remain, so that whatever you ask the Father in my
name he may give you. This I command you: love
one another (Jn 15:16-17).

7. Comment on the following passages:

Whence it is, that if Christians are also joined in
mind and heart with the most Holy Redeemer,
when they apply themselves to temporal affairs,
their work in a way is a continuation of the labor of
Jesus Christ Himself, drawing from it strength and
redemptive power: "He who abides in Me, and I in
him, he bears much fruit." Human labor of this kind
is so exalted and ennobled that it leads men
engaged in it to spiritual perfection and can like-
wise contribute to the diffusion and propagation
of the fruits of the Redemption to others
(Pope John XXIII, *Mater et Magistra,* 259).

In the sense of a "job," work is a way of making
money and making a living. It supports a self
defined by economic success, security, and all that
money can buy. In the sense of a "career," work
traces one's progress through life by achievement
and advancement in an occupation. It yields a self
defined by a broader sort of success, which takes in
social standing and prestige, and by a sense of
expanding power and competency that renders

work itself a source of self-esteem. In the strongest sense of a "calling," work constitutes a practical idea of activity and character that makes a person's work morally inseparable from his or her life. It subsumes the self into a community of disciplined practice and sound judgment whose activity has meaning and value in itself not just in the output or profit that results from it. But the calling not only links a person to his or her fellow workers, a calling links a person to the larger community, a whole in which the calling of each is a contribution to the good of all (Robert Bellah).

Unfortunately, certain types of Christian piety intensify this problem of putting so much emphasis on the life of heaven that human activity on this earth is devalued. Teilhard [de Chardin] thought that about 90 percent of the practicing Christians of his time looked upon their work as "spiritual encumbrance" which took them away from a close relationship to God. He sensed the great conflict in the hearts of many believers who live double lives because they cannot reconcile their faith in God with their care for the world. They are not able to find real organic connections between their worship on Sunday and their work during the week. In Teilhard's view the traditional solution of sanctifying one's daily efforts through prayer and good intention is helpful but incomplete, because it still considers daily work as insignificant in itself and detrimental to the spiritual life (James Bacik).

IV
Stewards of the Church

When I began to provide dental treatment for persons with AIDS, I knew HIV-positive people desperately needed this service, but I did not know how much I needed them. Time and again, reaching out to serve and heal, I have found myself served and healed. Their courage, compassion, wisdom, and faith have changed my life. I have faced my own mortality, and I rejoice in the daily gift of life. My love for people has taken on new dimensions. I hug and kiss my wife and family more than ever and see them as beautiful gifts from God. My ministry as a deacon has become dynamic, and I regard my profession as a vital part of it.

Dr. Anthony M. Giambalvo, Rockville Centre, New York

COMMUNITY AND STEWARDSHIP

The New Covenant in and through Christ—the reconciliation he effects between humankind and God — forms a community: the new People of God, the Body of Christ, the Church. The unity of this people is itself a precious good, to be cherished, preserved, and built up by lives of love. The epistle to the Ephesians exhorts Christians to "live in a manner worthy of the call you have received, with all humility and gentleness, with patience, bearing with one another through love, striving to preserve the unity of the spirit through the bond of peace: one body and one Spirit, as you were also called to the one hope of your call; one Lord, one faith, one baptism; one God and Father of all" (Eph 4:1-6).

Because its individual members do collectively make up the Body of Christ, that body's health and well-being are the responsibility of the members — the personal responsibility of each one of us. We all are stewards of the Church. As "to each individual the manifestation of the Spirit is given for some benefit" (1 Cor 12:7), so stewardship in an ecclesial setting means cherishing and fostering the gifts of all, while using one's own gifts to serve the community of faith. The rich tradition of tithing set forth in the Old Testament is an expression of this. (See, for example, Dt 14:22; Lv 27:30.) Those who set their hearts upon spiritual gifts must "seek to have an abundance for building up the church" (1 Cor 14:12).

But how is the Church built up? In a sense there are as many answers to that question as there are individual members with individual vocations. But the overarching answer for all is this: through personal participation in and support of the Church's mission of proclaiming and teaching, serving and sanctifying.

This participation takes different forms according to people's different gifts and offices, but there is a fundamental obligation arising from the sacrament of baptism (cf. Pope John Paul II, *Christifideles Laici,* 15):

that people place their gifts, their resources — their selves — at God's service in and through the Church. Here also Jesus is the model. Even though his perfect self-emptying is unique, it is within the power of disciples, and a duty, that they be generous stewards of the Church, giving freely of their time, talent, and treasure. "Consider this," Paul says, addressing not only the Christians of Corinth but all of us. "Whoever sows sparingly will also reap sparingly, and whoever sows bountifully will also reap bountifully.... God loves a cheerful giver" (2 Cor 9:6-7).

EVANGELIZATION AND STEWARDSHIP

In various ways, then, stewardship of the Church leads people to share in the work of evangelization or proclaiming the good news, in the work of catechesis or transmitting and strengthening the faith, and in works of justice and mercy on behalf of persons in need. Stewardship requires support for the Church's institutions and programs for these purposes. But, according to their opportunities and circumstances, members of the Church also should engage in such activities personally and on their own initiative.

Parents, for instance, have work of great importance to do in the domestic church, the home. Within the family, they must teach their children the truths of the faith and pray with them; share Christian values with them in the face of pressures to conform to the hostile values of a secularized society; and initiate them into the practice of stewardship itself, in all its dimensions, contrary to today's widespread consumerism and individualism. This may require adjusting the family's own

patterns of consumption and its life-style, including the use of television and other media which sometimes preach values in conflict with the mind of Christ. Above all, it requires that parents themselves be models of stewardship, especially by their selfless service to one another, to their children, and to church and community needs.

Parishes, too, must be, or become, true communities of faith within which this Christian way of life is learned and practiced. Sound business practice is a fundamental of good stewardship, and stewardship as it relates to church finances must include the most stringent ethical, legal, and fiscal standards. That requires several things: pastors and parish staff must be open, consultative, collegial, and accountable in the conduct of affairs. And parishioners must accept responsibility for their parishes and contribute generously — both money and personal service — to their programs and projects. The success or failure of parish programs, the vitality of parish life or its absence, the ability or inability of a parish to render needed services to its members and the community depend upon all.

We, therefore, urge the Catholics of every parish in our land to ponder the words of St. Paul: "Now as you excel in every respect, in faith, discourse, knowledge, all earnestness, and in the love we have for you, may you excel in this gracious act also" (2 Cor 8:7). Only by living as generous stewards of these local Christian communities, their parishes, can the Catholics of the United States hope to make them the vital sources of faith-filled Christian dynamism they are meant to be.

At the same time, stewardship in and for the parish should not be narrowly parochial. For the diocese is not merely an administrative structure but instead joins communities called parishes into a "local church" and unites its people in faith, worship, and service. The same spirit of personal responsibility in which a Catholic approaches his or her parish should extend to the diocese and be expressed in essentially the same ways: generous material

support and self-giving. As in the case of the parish, too, lay Catholics ought to have an active role in the oversight of the stewardship

Parents have work of great importance to do in the domestic church, the home.

of pastoral leaders and administrators at the diocesan level. At the present time, it seems clear that many Catholics need to develop a better understanding of the financial needs of the Church at the diocesan level. Indeed, the spirit and practice of stewardship should extend to other local churches and to the Universal Church — to the Christian community and to one's sisters and brothers in Christ everywhere — and be expressed in deeds of service and mutual support. For some, this will mean direct personal participation in evangelization and mission work, for others generous giving to the collections established for these purposes and other worthy programs.

Every member of the Church is called to evangelize, and the practice of authentic Christian stewardship inevitably leads to evangelization. As stewards of the mysteries of God (cf. 1 Cor 4:1), people desire to tell others about them and about the light they shed on human life, to share the gifts and graces they have received from God, especially knowledge of Christ Jesus, "who became for us wisdom from God, as well as righteousness, sanctification, and redemption" (1 Cor 1:30). Human beings, says Pope Paul VI, "have

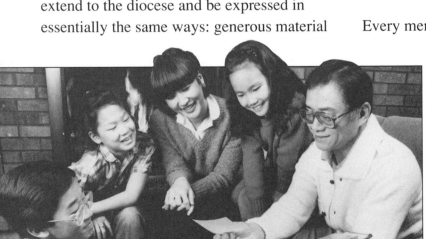

the right to know the riches of the mystery of Christ. It is in these ... that the whole human family can find in the most comprehensive form and beyond all their expectations everything for which they have been groping" (*Evangelii Nuntiandi*, 53).

SOLIDARITY AND STEWARDSHIP

While the unity arising from the covenant assumes and requires human solidarity, it also goes beyond it, producing spiritual fruit insofar as it is founded on union with the Lord. "I am the vine, you are the branches," Jesus says. "Whoever remains in me and I in him will bear much fruit" (Jn 15:5). As Simone Weil remarks, "A single piece of bread given to a hungry man is enough to save a soul — if it is given in the right way."

In this world, however, solidarity encounters many obstacles on both the individual and social levels. It is essential that Jesus' disciples do what can be done to remove them.

Every member of the Church is called to evangelize, and the practice of authentic Christian stewardship inevitably leads to evangelization.

The most basic and pervasive obstacle is sheer selfish lack of love, a lack which people must acknowledge and seek to correct when they find it in their own hearts and lives. For the absence of charity from the lives of disciples of Jesus in itself is self-defeating and hypocritical. "If anyone says, 'I love God,' but hates his brother, he is a liar" (1 Jn 4:20).

Extreme disparities in wealth and power also block unity and communion. Such disparities exist today between person and person, social class and social class, nation and nation. They are contrary to that virtue of solidarity, grounded in charity, which Pope John Paul II commends as the basis of a world order embodying "a new model of the unity of the human race" whose "supreme model" is the intimate life of the Trinity itself (*Sollicitudo Rei Socialis*, 40). Familiarity with the Church's growing body of social doctrine is necessary in order to grasp and respond to the practical requirements of discipleship and stewardship in light of the complex realities of today's national and international socioeconomic life.

Social justice, which the pastoral letter *Economic Justice for All* calls a kind of contributive justice, is a particular aspect of the virtue of solidarity. Encompassing the duty of "all who are able to create the goods, services, and other nonmaterial or spiritual values necessary for the welfare of the whole community," it gives moral as well as economic content to the concept of productivity. Thus productivity "cannot be measured solely by its output of goods and services." Rather, "patterns of productivity must ... be measured in light of their impact on the fulfillment of basic needs, employment levels, patterns of discrimination, environmental impact, and sense of community" (*Economic Justice for All*, 71).

Finally, and most poignantly, solidarity is obstructed by the persistence of religious conflicts and divisions, including those that sunder even followers of Christ. Christians remain tragically far from realizing Jesus' priestly prayer "that they may all be one, as you, Father, are in me and I in you" (Jn 17:21).

As all this suggests, our individual lives as disciples and stewards must be seen in relation to God's larger purposes. From the outset of his covenanting, God had it in mind to make many one. He promised Abram: "I will make of you a great nation, and I will bless you; I will make your name great, so that you will be a blessing…. All the communities of the earth shall find blessing in you" (Gn 12:2-3). In Jesus, the kingdom of God is inaugurated — a kingdom open to all. Those who enter into Jesus' New Covenant find themselves growing in a union of minds and hearts with others who also have responded to God's call. They find their hearts and minds expanding to embrace all men and women, especially those in need, in a communion of mercy and love.

EUCHARISTIC STEWARDSHIP

The Eucharist is the great sign and agent of this expansive communion of charity. "Because the loaf of bread is one, we, though many, are one body, for we all partake of the one loaf" (1 Cor 10:17). Here people enjoy a unique union with Christ and, in him, with one another. Here his love — indeed, his very self — flows into his disciples and, through them and their practice of stewardship, to the entire human race. Here Jesus renews his covenant-forming act of perfect fidelity to God, while also making it possible for us to cooperate. In the Eucharist, Christians reaffirm their participation in the New Covenant; they give thanks to God for blessings received; and they strengthen their bonds of commitment to one another as members of the covenant community Jesus forms.

And what do Christians bring to the eucharistic celebration and join there with Jesus' offering? Their lives as Christian disciples; their personal vocations and the stewardship they have exercised regarding them; their individual contributions to the great work of restoring all things in Christ. Disciples give thanks to God for gifts received and strive to share them with others. That is why, as Vatican II says of the Eucharist, "if this celebration is to be sincere and thorough, it must lead to various works of charity and mutual help, as well as to missionary activity and to different forms of Christian witness" (*Presbyterorum Ordinis,* 6).

More than that, the Eucharist is the sign and agent of that heavenly communion in which we shall together share, enjoying the fruits of stewardship "freed of stain, burnished and transfigured" (*Gaudium et Spes,* 39). It is not only the promise but the commencement of the heavenly banquet where human lives are perfectly fulfilled.

We have Jesus' word for it: "Whoever eats this bread will live forever; and the bread that I will give is my flesh for the life of the world" (Jn 6:51). The glory and the boast of Christian stewards lie in mirroring, however poorly, the stewardship of Jesus Christ, who gave and still gives all he has and is, in order to be faithful to God's will and carry through to completion his redemptive stewardship of human beings and their world.

For Reflection and Discussion

1. Have you, like Dr. Giambalvo, had the experience of being "served and healed" by those you set out to serve and heal?

2. What are the implications of God's calling us into a love relationship (covenant) and of being a people uniquely his own? What does this say about dignity, equality, unity?

3. How would you go about connecting the Eucharist with your practice of stewardship?

4. Within the institutional Church, of which you are a member, what, in order of priority, are your stewardship responsibilities?

5. Is there more to "stewardship within the Church" than donations of "time, talent, and treasure"?

6. How will "eucharistic stewardship" develop your convictions about global solidarity — "the world is God's village on earth"?

7. What does the word of God say to you about covenant, community, solidarity — about being eucharistic stewards?

> [Jesus] asked them, "How many loaves do you have?" "Seven," they replied. He ordered the crowd to sit down on the ground. Then, taking the seven loaves he gave thanks, broke them, and gave them to his disciples to distribute, and they distributed them to the crowd. They also had a few fish. He said the blessing over them and ordered them distributed also. They ate and were satisfied. They picked up the fragments left over — seven baskets (Mk 8:5-8).

According to the grace of God given to me, like a wise master builder I laid a foundation, and another is building upon it. But each one must be careful how he builds upon it, for no one can lay a foundation other than the one that is there, namely, Jesus Christ. If anyone builds on this foundation with gold, silver, precious stones, wood, hay, or straw, the work of each will come to light, for the Day will disclose it. It will be revealed with fire, and the fire [itself] will test the quality of each one's work (1 Cor 3:10-13).

For I will take you away from among the nations, gather you from all the foreign lands, and bring you back to your own land. I will sprinkle clean water upon you to cleanse you from all your impurities, and from all your idols I will cleanse you. I will give you a new heart and place a new spirit within you, taking from your bodies your stony hearts and giving you natural hearts. I will put my spirit within you and make you live by my statutes, careful to observe my decrees. You shall live in the land I gave your fathers; you shall be my people, and I will be your God (Ez 36:24-28).

8. Comment on the following passages:

A community is a group of persons who share a history and whose common set of interpretations about that history provide the basis for common actions. These interpretations may be quite diverse and controversial even within the community, but are sufficient to provide the individual members with the sense that they are more alike than unlike (Stanley Hauerwas).

[A correct understanding of the common good] embraces the sum total of all those conditions of social living, whereby men are enabled more fully and more readily to achieve their own perfection (Pope John XXIII, *Mater et Magistra*).

God's kingdom therefore is no fixed, existing order, but a living, nearing thing. Long remote, it now advances, little by little, and has come so close as to demand acceptance. Kingdom of God means a state in which God is king and consequently rules (Romano Guardini).

V
The Christian Steward

*I*t was sixteen years ago, but it seems like only yesterday. I was suddenly confronted with serious surgery, which I never thought would happen to me. It always happened to others. The memory is still there, and I recall vividly the days before the surgery. I really received the grace to ask myself, "What do I own, and what owns me?" When you are wheeled into a surgery room, it really doesn't matter who you are or what you possess. What counts is the confidence in a competent surgical staff and a good and gracious God. I know that my whole understanding and appreciation of the gifts and resources I possess took on new meaning. It is amazing how a divine economy of life and health provides a unique perspective of what really matters.

Most Reverend Thomas J. Murphy, Archbishop of Seattle

While the New Testament does not provide a rounded portrait of the Christian steward all in one place, elements of such a portrait are present throughout its pages.

In the gospel, Jesus speaks of the "faithful and prudent steward" as one whom a householder sets over other members of the household in order to "distribute the food allowance at the proper time" (Lk 12:42; cf. Mt 24:25). Evidently, good stewards understand that they are to share with others what they have received, that this must be done in a timely way, and that God will hold them accountable for how

well or badly they do it. For if a steward wastes the owner's goods and mistreats the other household members, "that servant's master will come on an unexpected day and at an unknown hour and will punish him severely and assign him a place with the unfaithful" (Lk 12:46).

In the lives of disciples, however, something else must come before the practice of stewardship. They need a flash of insight—a certain way of *seeing* — by which they view the world and their relationship to it in a fresh, new light. "The world is charged with the grandeur of God," Gerard Manley Hopkins exclaims; more than anything else, it may be this glimpse of the divine grandeur in all that is that sets people on the path of Christian stewardship.

Not only in material creation do people discern God present and active, but also, and especially, in the human heart.

The life of a Christian steward,
lived in imitation of the life of Christ,
is challenging, even difficult in many ways;
but both here and hereafter it is charged
with intense joy.

"Do not be deceived … all good giving and every perfect gift is from above" (Jas 1:17), and this is true above all where spiritual gifts are concerned. Various as they are, "one and the same Spirit produces all of these" (1 Cor 12:11)—including the gift of discernment itself, which leads men and women to say: "We have not received the spirit of the world but the Spirit that is from God, so that we may understand the things freely given us by God" (1 Cor 2:12). So it is that people have the power to live as stewards, striving to realize the ideal set forth by Paul: "Whether you eat or drink, or whatever you do, do everything for the glory of God" (1 Cor 10:31).

Christian stewards are conscientious and faithful. After all, the first requirement of a steward is to be "found trustworthy" (1 Cor 4:2). In the present case, moreover, stewardship is a uniquely solemn trust. If Christians understand it and strive to live it to the full, they grasp the

fact that they are no less than "God's co-workers" (1 Cor 3:9), with their own particular share in his creative, redemptive, and sanctifying work. In this light, stewards are fully conscious of their accountability. They neither live nor die as their own masters; rather, "if we live, we live for the Lord, and if we die, we die for the Lord; so then, whether we live or die, we are the Lord's" (Rom 14:8).

Christian stewards are generous out of love as well as duty. They dare not fail in charity and what it entails, and the New Testament is filled with warnings to those who might be tempted to substitute some counterfeit for authentic love. For example: "If someone who has worldly means sees a brother in need and refuses him compassion, how can the love of God remain in him?" (1 Jn 3:17). Or this: "Come now, you rich, weep and wail over your impending miseries. Your wealth has rotted away, your clothes have become moth-eaten, your gold and silver have corroded, and that corrosion will be a testimony against you; it will devour your flesh like a fire. You have stored up treasure for the last days" (Jas 5:1-3).

What, then, are Christians to do? Of course people's lives as stewards take countless forms, according to their unique vocations and circumstances. Still, the fundamental pattern in every case is simple and changeless: "Serve one another through love … bear one another's burdens, and so you will fulfill the law of Christ" (Gal 5:13, 6:2). This includes being stewards of the Church, for, as we are quite specifically told, "the Church of the living God" is "the household of God" (1 Tim 3:15), and it is essential to practice stewardship there.

The life of a Christian steward, lived in imitation of the life of Christ, is challenging, even difficult in many ways; but both here and hereafter it is charged with intense joy. Like Paul, the good steward is able to say, "I am filled with encouragement, I am overflowing with joy all the more because of all our affliction" (2 Cor 7:4). Women and men who seek to live in this way learn that "all things work for good for those who love God" (Rom 8:28). It is part of their personal experience that God is "rich in mercy [and] we are his handiwork, created in Christ Jesus for the good works that God has prepared in advance, that we should live in them" (Eph 2:4, 10). They readily cry out from the heart: "Rejoice in the Lord always! I shall say it again: Rejoice!" (Phil 4:4). They look forward in hope to hearing the Master's words addressed to those who have lived as

disciples faithful in their practice of stewardship should: "Come, you who are blessed by my Father. Inherit the kingdom prepared for you from the foundation of the world" (Mt 25:34).

After Jesus, it is the Blessed Virgin Mary who by her example most perfectly teaches the meaning of discipleship and stewardship in their fullest sense. All of their essential elements are found in her life: she was called and gifted by God; she responded generously, creatively, and prudently; she understood her divinely assigned role as "handmaid" in terms of service and fidelity (see Lk 1:26-56).

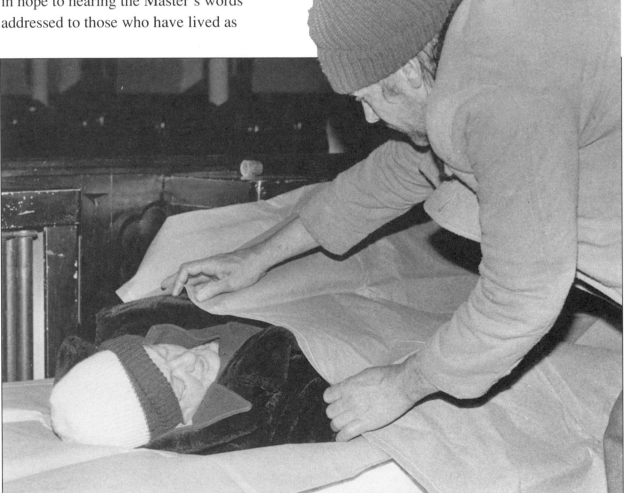

Photo CNS/Denise Walker

As Mother of God, her stewardship consisted of her maternal service and devotion to Jesus, from infancy to adulthood, up to the agonizing hours of Jesus' death (Jn 19:25). As Mother of the Church, her stewardship is clearly articulated in the closing chapter of the Second Vatican Council's *Constitution on the Church, Lumen Gentium* (cf. 52-69). Pope John Paul II observes: "Mary is one of the first who 'believed,' and precisely with her faith as Spouse and Mother she wishes to act upon all those who entrust themselves to her as children" (*Redemptoris Mater,* 46).

In light of all this, it only remains for all of us to ask ourselves this question: Do we also wish to be disciples of Jesus Christ? The Spirit is ready to show us the way — a way of which stewardship is a part.

Genesis, telling the story of creation, says God looked upon what had been made and found it good; and seeing the world's goodness, God entrusted it to human beings. "The Lord God planted a garden" and placed there human persons "to cultivate and care for it" (Gn 2:8, 15). Now, as then and always, it is a central part of the human vocation that we be good stewards of what we have received — this garden, this divine human workshop, this world and all that is in it — setting minds and hearts and hands to the task of creating and redeeming in cooperation with our God, Creator and Lord of all.

To Be a Christian Steward

A SUMMARY OF THE U.S. BISHOPS' PASTORAL LETTER ON STEWARDSHIP

As each one has received a gift, use it to serve one another as good stewards of God's varied grace" (1 Pt 4:10).

What identifies a steward? Safeguarding material and human resources and using them responsibly are one answer; so is generous giving of time, talent, and treasure. But being a Christian steward means more. As Christian stewards, we receive God's gifts gratefully, cultivate them responsibly, share them lovingly in justice with others, and return them with increase to the Lord.

DISCIPLES AS STEWARDS

Let us begin with being a disciple—a follower of our Lord Jesus Christ. As members of the Church, Jesus calls us to be disciples. This has astonishing implications:

— Mature disciples make a conscious decision to follow Jesus, no matter what the cost.

— Christian disciples experience conversion—life-shaping changes of mind and heart—and commit their very selves to the Lord.

— Christian stewards respond in a particular way to the call to be a disciple. Stewardship has the power to shape and mold our understanding of our lives and the way in which we live.

Jesus' disciples and Christian stewards recognize God as the origin of life, giver of freedom, and source of all things. We are grateful for the gifts we have received and are eager to use them to show our love for God and for one another. We look to the life and teaching of Jesus for guidance in living as Christian stewards.

STEWARDS OF CREATION

The Bible contains a profound message about the stewardship of material creation: God created the world, but entrusts it to human beings. Caring for and cultivating the world involves the following:

— joyful appreciation for the God-given beauty and wonder of nature;

— protection and preservation of the environment, which would be the stewardship of ecological concern;

— respect for human life—shielding life from threat and assault, doing everything that can be done to enhance this gift and make life flourish; and

— development of this world through noble human effort—physical labor, the trades and professions, the arts and sciences. We call such effort work.

Work is a fulfilling human vocation. The Second Vatican Council points out that, through work, we build up not only our world but the kingdom of God, already present among us. Work is a partnership with God—our share in a divine–human collaboration in creation. It occupies a central place in our lives as Christian stewards.

STEWARDS OF VOCATION

Jesus calls us, as his disciples, to a new way of life—the Christian way of life—of which stewardship is part.

But Jesus does not call us as nameless people in a faceless crowd. He calls us individually, by name. Each one of us—clergy, religious, lay person; married, single; adult, child—has a personal vocation. God intends each one of us to play a unique role in carrying out the divine plan.

The challenge, then, is to understand our role—our vocation—and to respond generously to this call from God. Christian vocation entails the practice of stewardship. In addition, Christ calls each of us to be stewards of our personal vocations, which we receive from God.

Stewards of God's gifts are not passive beneficiaries. We cooperate with God in our own redemption and in the redemption of others.

We are also obliged to be stewards of the Church—collaborators and cooperators in continuing the redemptive work of Jesus Christ, which is the Church's essential mission. This mission—proclaiming and teaching, serving and sanctifying—is our task. It is the personal responsibility of each one of us as stewards of the Church.

All members of the Church have their own roles to play in carrying out its mission:

— parents, who nurture their children in the light of faith;

— parishioners, who work in concrete ways to make their parishes true communities of faith and vibrant sources of service to the larger community;

— all Catholics, who give generous support— time, money, prayers, and personal service according to their circumstances—to parish and diocesan programs and to the universal Church.

Photo CNS/Michael Fitzgerald

OBSTACLES TO STEWARDSHIP

People who want to live as Christian disciples and Christian stewards face serious obstacles.

In the United States and other nations, a dominant secular culture often contradicts religious convictions about the meaning of life. This culture frequently encourages us to focus on ourselves and our pleasures. At times, we can find it far too easy to ignore spiritual realities and to deny religion a role in shaping human and social values.

As Catholics who have entered into the mainstream of American society and experienced its advantages, many of us also have been adversely influenced by this secular culture. We know what it is to struggle against selfishness and greed, and we realize that it is harder for many today to accept the challenge of being a Christian steward.

It is essential, therefore, that we make a special effort to understand the true meaning of stewardship and live accordingly.

A STEWARD'S WAY

The life of a Christian steward models the life of Jesus. It is challenging and even difficult, in many respects, yet intense joy comes to those who take the risk to live as Christian stewards. Women and men who seek to live as stewards learn that "all things work for good for those who love God" (Rom 8:28).

After Jesus, we look to Mary as an ideal steward. As the Mother of Christ, she lived her ministry in a spirit of fidelity and service; she responded generously to the call.

We must ask ourselves: Do we also wish to be disciples of Jesus Christ and Christian stewards of our world and our Church?

Central to our human and Christian vocations, as well as to the unique vocation each one of us receives from God, is that we be good stewards of the gifts we possess. God gives us this divine–human workshop, this world and Church of ours.

The Spirit shows us the way.

Stewardship is a part of that journey.

La Corresponsabilidad

RESPUESTA DE LOS DISCÍPULOS

NATIONAL CONFERENCE OF CATHOLIC BISHOPS

Una traducción al español de la Carta Pastoral *Stewardship: A Disciple's Response* también fue aprobada. Después de extensas consultas sobre la mejor manera de traducir las palabras *steward* y *stewardship*, se escogieron las palabras "corresponsabilidad" y "corresponsable" como las que mejor expresan todos los aspectos del concepto que se presenta. Las diferentes traducciones de la Biblia en español expresan ese concepto con una gran variedad de términos: mayordomo, administrador, encargado, dispensador, guardián y servidor. Esas palabras no se han cambiado en las citas bíblicas y aparecen con un asterisco para significar que ahí también se podría usar la palabra corresponsable o corresponsabilidad. Nota y traducción: Marina Herrera, Ph.D.

Las citas de los documentos del Vaticano II fueron tomadas de *Documentos del Vaticano II,* Biblioteca de Autores Cristianos, La Editorial Católica, S.A., Madrid 1967, 1982.

Las citas bíblicas fueron tomadas de la *Biblia Latinoamericana,* Ediciones Paulinas, Editorial Verbo Divino, 1989. También se usó la *Biblia de Jerusalén,* Biblioteca de Autores Cristianos, Madrid, 1961, cuando estaba más cerca del significado de la cita en inglés.

Estamos muy agradecidos a los que con su apoyo financiero han hecho este proyecto una realidad: National Catholic Development Conference y National Catholic Stewardship Council

Contenido

La Corresponsabilidad
RESPUESTA DE LOS DISCÍPULOS

*El don que cada uno haya recibido,
pónganlo al servicio de los otros,
como buenos administradores**
de la multiforme gracia de Dios
(1 Pt 4:10, Biblia de Jerusalén*).*

**El asterisco indica que esta palabra en inglés es
steward. Aquí se podría usar el término corresponsable pero para ser fiel a la tradución que se usa
se ha dejado la que aparece allí.*

Introducción

Lo que expresamos en esta pastoral
está basado en tres convicciones.

1. Los discípulos responsables hacen
una decisión firme y consciente,
acompañada de la acción,
de seguir a Jesucristo sin importarles el costo.

2. Si es fruto de la conversión,
del cambio de la mente y el corazón,
este compromiso no se expresa en una simple acción,
ni en una serie de acciones
en un dado período de tiempo,
sino en el transcurso de toda la vida.
Significa entregarse al Señor.

3. La corresponsabilidad es parte de ser discípulos,
y nos da el poder de cambiar
la manera en que entendemos y vivimos nuestra vida.
Los discípulos
que son corresponsables
reconocen que Dios es la fuente de su vida,
el dador de libertad,
el origen de todo lo que tienen, son y serán.
Están plenamente conscientes de esta verdad:
"Del Señor es la tierra y lo que contiene;
el universo y los que en él habitan" (Sal 24:1).

Ellos saben que son recipientes y encargados
de los múltiples dones de Dios.
Agradecen lo que han recibido
y están dispuestos a cultivar esos dones
motivados por el amor a Dios y a los demás.

EL DESAFÍO

En cierto modo
es más difícil ser un
cristiano corresponsable hoy
que en el pasado.

Aunque la fe religiosa es una fuerza patente
en la vida de muchos estadounidenses,
la cultura secularizada y dominante del país
frecuentemente contradice los valores
de la tradición judeocristiana.
En esta cultura
hay "ismos" destructores—
materialismo,
relativismo,
hedonismo,
individualismo,
consumismo—
que ejercen influencias seductoras y poderosas.
Hay una gran tendencia a privatizar la fe,
a empujarla al margen de la sociedad,
a restringirla al corazón humano
o, al máximo, a los hogares,
excluyóndola del intercambio con ideas en público
donde se concibe la política social
y donde adquirimos nuestro sentido de la vida
y de su significado.

LA OPCIÓN

Los cristianos
somos parte de esta cultura,
y recibimos de ella
muchas influencias.

En décadas recientes
muchos católicos han penetrado
el centro de la sociedad de este país.

Esto ha sido un gran triunfo.
Muchas veces, sin embargo,
este proceso ha aumentado
la distancia entre la fe y la vida
que el Vaticano II consideró uno de
"los más graves errores
de nuestra era" (*Gaudium et Spes,* 43).
Por tanto los católicos estadounidenses
han asumido algunos de los valores
menos atractivos
de la cultura secular.

Por ejemplo,
algunos grupos religiosos hablan frecuentemente sobre
la comunidad,
pero el individualismo infecta la experiencia religiosa
de muchas personas.
Las parroquias,
las diócesis,
y las instituciones de la Iglesia
parecen ser impersonales y alienadoras
en los ojos de muchos.
La evangelización
no es una prioridad como lo debería ser.
Cómo usar los dones y carismas de cada persona,
cómo dar poder a los laicos,
cómo reconocer el papel de las mujeres,
cómo afirmar a las minorías raciales, culturales y étnicas,
cómo triunfar sobre la pobreza y la opresión—
estos y otros muchos asuntos
siguen siendo preguntas difíciles,
y al mismo tiempo
nos presentan oportunidades.

También,
mientras muchos católicos son generoso al dar de sí
y al dar sus recursos
a la Iglesia,
otros no responden a las necesidades
de manera proporcional a lo que poseen.
El resultado es que hay falta de recursos

que seriamente impiden
que la Iglesia pueda
llevar a cabo su misión
y representa obstáculos
al crecimiento de los que son discípulos.

Esta carta pastoral reconoce la importancia
de sostener a la iglesia,
incluyendo el compartir tiempo, talento y dinero.
Pero pone el sostenimiento de la iglesia
dentro de un contexto más amplio—
en lo que significa ser
un discípulo
de Jesucristo.

Esto es también
el contexto de la corresponsabilidad.
Compartir generosamente los recursos,
incluyendo el dinero,
es central a esta función,
y sostener a la iglesia
forma parte de ella también.
Significa
esencialmente,
ayudar a la misión de la Iglesia
con dinero, tiempo y recursos personales de todas clases.
Este compartir no es una opción para aquellos católicos
que comprenden lo que significa ser miembro de la Iglesia.
Es un serio deber.
Es consecuencia
de la fe que los católicos profesamos y celebramos.

Esta carta pastoral inicia
un proceso largo y continuo
que anima a las personas
a examinar e interiorizar
las implicaciones de lo que es la corresponsabilidad.
Al principio de este proceso
es importante que presentemos
una visión integral de la corresponsabilidad
—un modo de vida consciente, generoso y servicial

basado en el discipulado cristiano—
que las personas puedan tomar en serio
y aplicar a las circunstancias
de su vida.
Si nos concentramos en una de las obligaciones
específica de la corresponsabilidad,
aunque sea una tan importante
como el so stenimiento
de la Iglesia,
podría dificultar
—o hasta imposibilitar—
que las personas comprendan la visión total.
Podría significar
que cuando los obispos
hablan seriamente sobre la corresponsabilidad,
quieren simplemente decir
contribuir dinero.

LA VISIÓN

La invitación de Jesús
a seguirlo
es para todas las personas
de todos los tiempos y condiciones.
En el presente
se dirige a nosotros—
ciudadanos católicos
de una nación rica y poderosa
que se enfrenta a muchas preguntas
sobre su identidad y función
en los últimos años de un siglo difícil,
miembros de una comunidad de fe
bendecida con muchos recursos
humanos y materiales
pero también insegura
de cómo sostenerlos
y usarlos.

Photo CNS/Les Fetchko

En nuestra labor de obispos, deseamos
presentar una visión
que sea apropiada
a las necesidades y problemas
de la Iglesia en nuestro país hoy
y que hable a aquellos
que son cristianos corresponsables
en circunstancias particulares.

Lo que decimos aquí
va dirigido a nosotros mismos
como también a todos ustedes
que leen estas palabras.

Como obispos,
reconocemos nuestra obligación
de ser modelos de corresponsabilidad
en todos los aspectos de nuestra vida.
Debemos ser corresponsables
de nuestras oraciones y del culto,
de la manera en que cumplimos nuestros deberes pastorales,
en nuestra custodia de la doctrina,
de los recursos espirituales, del personal, y de los fondos de la
Iglesia,
en nuestro estilo de vida y en el uso del tiempo,
y en otros asuntos tales
como la atención que damos a
nuestra salud personal y a la diversión.

Al pedirles a ustedes que respondan
a las exigencias de la corresponsabilidad,
oramos que también nosotros estemos
abiertos a la gracia de responder a las mismas.
Oramos para
que el Espíritu Santo, que con su acción de gracia
hace que nos configuremos según Jesucristo y su Iglesia,
nos ilumine a todos y nos ayude a renovar nuestro compromiso
como discípulos del Señor
y corresponsables de sus abundantes dones.

EL PLAN DE LA CARTA PASTORAL

La carta pastoral procede según este plan.

I. *EL LLAMADO*. La corresponsabilidad es parte de ser un discípulo. Pero los discípulos cristianos empiezan con la vocación, el llamado a seguir a Jesús y a imitar su modo de vida. La carta por tanto empieza con la vocación. Luego presenta un vistazo general del concepto de lo que es ser corresponsable, visto dentro del contexto de ser discípulo, notando que las personas, primero que todo, son corresponsables de la vocación personal que reciben de Dios. Ser discípulo y practicar la corresponsabilidad constituye una manera de vida que ofrece privilegios pero también tiene exigencias.

II. *EL CAMINO DE JESÚS*. La carta pastoral enfoca más de cerca la idea de la corresponsabilidad basándose en la enseñanza y la vida de Jesús para descubrir su significado. Considera las implicaciones de la corresponsabilidad para los discípulos de Jesús. Una de estas es que todos están llamados a evangelizar, a compartir la Buena Nueva con otros. Y ¿qué premio pueden esperar los cristianos corresponsables? La respuesta es la plenitud del Reino de Dios—un reino que siempre está presente, real pero imperfecto en este mundo, y que los discípulos de Jesús ayudan a su realización practicando la corresponsabilidad.

III. *VIVIENDO CORRESPONSABLEMENTE*. Después de haber considerado la vida cristiana en términos generales, desde el punto de vista de lo que es ser discípulo y corresponsable, la carta examina el contenido de este modo de vida. Considera el contenido de la vida en relación a dos actividades humanas que son fundamentales a la vocación cristiana. La primera es la colaboración con Dios en el trabajo de la creación. La segunda es la coope-

---

¿Quién es un cristiano corresponsable?
Una persona que recibe los dones de Dios con gratitud,
los aprecia y los cuida de manera responsable
y moderada, los comparte en justicia
y amor con los demás,
y se los devuelve al Señor con creces.

---

ración con Dios en el trabajo de la redención. Ambas actividades son el centro mismo de lo que es ser cristianos corresponsables en su significado más profundo.

IV. *CORRESPONSABLES DE LA IGLESIA*. La carta pastoral considera luego la comunidad de fe, el pueblo de Dios, formado mediante la Nueva alianza en Cristo y por él. Cada miembro de la Iglesia tiene cierta responsabilidad en su misión; cada uno está llamado a ser corresponsables de la Iglesia. Los cristianos también están llamados a mirar más allá de sus necesidades y a ponerse al servicio de toda la comunidad humana, especialmente al servicio de los más necesitados. La Eucaristía es el signo y la causa de esta comunión acogedora y caritativa.

V. *EL CRISTIANO CORRESPONSABLE.* La carta concluye con una breve descripción del cristiano corresponsable, tomada del Nuevo Testamento. De manera especial, la Virgen María es el modelo para los discípulos y cristianos corresponsables que presentamos aquí. ¿Deseamos también ser discípulos de Jesucristo y vivir de esta manera?

¿Quién es un discípulo cristiano? Una persona que responde al llamado de Cristo, sigue a Jesús y moldea su vida según el patrón de Cristo. ¿Quién es un cristiano corresponsable? Una persona que recibe los dones de Dios con gratitud, los aprecia y los cuida de manera responsable y moderada, los comparte en justicia y amor con los demás, y se los devuelve al Señor con creces.

Génesis nos dice que Dios puso a los primeros seres humanos en el jardín para que fuesen sus guardianes—"lo cultivaran y cuidaran" (Gn 2:15). El mundo sigue siendo una especie de jardín (o un taller, como algunos prefieren llamarlo) que ha sido confiado a los hombres y a las mujeres para la gloria de Dios y el servicio de la humanidad. En su sentido más simple pero profundo, este es el significado de ser cristiano corresponsable dentro de esta pastoral.

Para reflexión y diálogo

1. ¿Estás de acuerdo con las razones que los obispos tienen para escribir y publicar una carta pastoral sobre el significado de la corresponsabilidad cristiana?

2. ¿Te sorprendió (o tal vez decepcionó) la presentación tan "esotérica" sobre lo que es ser corresponsable, aparentemente sin relación a los problemas financieros de la Iglesia contemporánea?

3. ¿Qué añadirías o quitarías tú de las tres convicciones básicas de los obispos en las que está basada la carta pastoral?

4. ¿Estás de acuerdo que en la cultura de los Estados Unidos el materialismo, relativismo, hedonismo, individualismo y consumismo y otros "ismos" dañinos están ejerciendo su influencia y haciendo daño?

5. ¿Cuál es el mayor obstáculo que tienen las personas corresponsables en el contexto del discipulado cristiano?

6. Si alguien te anima a aconsejar a los obispos sobre cómo ser personas corresponsables fieles, ¿qué consejo les darías?

7. ¿Qué te dice la Palabra de Dios sobre los discípulos y los corresponsables cristianos? Comparte tus reflexiones con los demás.

> Que todos, pues, vean en nosotros los servidores de Cristo y los encargados* de las obras misteriosas de Dios. Siendo encargados se les pedirá que hayan sido fieles (1 Cor 4:1-2).

> Si a un hermano o a una hermana les falta la ropa y el pan de cada día, y uno de ustedes les dice: "Que les

vaya bien; que no sientan frío ni hambre," sin darles lo que necesitan, ¿de qué les sirve? Así pasa con la fe si no se demuestra por la manera de actuar: está completamente muerta (Stgo 2:15-17).

El Señor contestó, "¿Cuál es entonces el mayordomo* fiel e inteligente que el patrón pondrá al frente de sus sirvientes para repartirles a su debido tiempo la ración de trigo? Feliz ese servidor al que su patrón, cuando llegue, encuentre tan bien ocupado. Yo les declaro que lo pondrá al frente de todo lo que tiene" (Lc 12:42-44).

8. Comenten estas citas:

Los discípulos no sólo deben aprender a ser humildes y a amar como hermanos, tienen que participar en el misterio (Romano Guardini).

Pero la ley fundamental de ser discípulo es ésta: ser de Jesús significa ir dónde Jesús va. Ser de Jesús debería llevarnos a identificarnos con el mundo y las personas con quien Jesús se identifica (William Reiser).

Ser una persona corresponsable significa vivir confiada en la generosidad de Dios y cuidar responsablemente de lo que Dios nos ha encargado. También significa compartir recursos con los demás de manera justa, equitativa y bondadosa (United Church of Christ, *Christian Faith: Personal Stewardship and Economic Sharing* [La Fe Cristiana: La Corresponsabilidad Personal y el Compartir Económico]).

Es en verdad una disciplina muy exigente tratar de ser Iglesia dentro de una cultura como la nuestra. Todas las suposiciones en que podríamos confiar, que podríamos aceptar como existentes en otros tiempos y lugares, están ausentes. Por tanto, en vista de la incredulidad cultural, es necesario demostrar lo que es una comunidad de creyentes fieles y comprometidos (Robert N. Bellah).

I
El Llamado

Después de doce años de matrimonio vemos evolucionar nuestra idea de lo que es la corresponsabilidad y estamos agradecidos a las personas que nos han inspirado desde el principio a que abracemos las enseñanzas de Cristo completamente. No siempre nos decían las cosas que queríamos oír, pero nos sentimos bendecidos porque pudimos vencer nuestras frustraciones iniciales de dar lo mejor de nuestro tiempo, talento y dinero a la Iglesia. Es difícil separarnos de las demandas y posesiones del mundo, pero hay una gran paz que es efecto de cada decisión que hacemos por Cristo y por lo que él quiere que hagamos. No podemos enfatizar demasiado la fuerza tan importante que ese estilo de vida ha tenido en nuestro matrimonio y en nuestros tres hijos.

Tom y LaNell Lilly, Owensboro, Kentucky

LA VOCACIÓN DEL DISCÍPULO

La vocación cristiana es esencialmente un llamado a ser discípulo de Jesús y la corresponsabilidad es parte de eso. Además, los cristianos están llamados a ser personas corresponsables de la vocación personal que reciben. Cada uno de nosotros tiene que discernir, aceptar y vivir con alegría y generosidad los compromisos, deberes, y funciones a que ha sido llamado por Dios. El relato del llamado de los primeros discípulos, al inicio del evangelio de Juan, aclara estas ideas.

Juan el Bautista estaba con dos de sus discípulos—Andrés y, según la tradición, el futuro evangelista Juan—cuando Jesús pasó. Juan Bautista exclamó "Ese es el Cordero de Dios." Al oír esas palabras, sus compañeros siguieron a Cristo.

¿Qué buscan? Jesús les preguntó. "Rabí" le contestaron, "¿dónde vives?" "Vengan y verán." Se quedaron con él el resto del día fascinados por sus palabras y por el poder de su personalidad.

Profundamente afectados por esa experiencia, Andrés va a buscar a su hermano Simón y lo lleva a Jesús. El Señor le dice: "Te llamarás

Kefas"—Piedra. El día siguiente, al encontrarse con Felipe, Jesús le dice: "Sígueme." Felipe se encuentra con su amigo Natanael y para desafiar su incredulidad se lo presenta al Señor. Pronto Natanael también se convence: "Maestro, ¡tú eres el Hijo de Dios! ¡Tú eres el Rey de Israel!"

Jesús no sólo llama a las personas para que vengan a él sino que también las instruye y las envía a servirlo.

Ese relato rápido que leemos al inicio del evangelio de Juan (ver Jn 1:35-50) nos enseña un número de lecciones. Para nuestro fin aquí, hay dos lecciones importantes.

Una es la naturaleza personal del llamado de Jesucristo. Él no llama a los discípulos como si fueran una muchedumbre sin rostro sino como a individuos únicos. "¿De cuándo acá me conoces?" le preguntó Natanael. "Antes que Felipe te llamara, cuando estabas bajo la higuera, ahí te conocí." El sabe las historias personales de la gente, sus luchas y debilidades, su destino; El tiene un propósito en mente para cada uno.

Este propósito es la vocación individual. "Pero el eterno plan de Dios," dice el Papa Juan Pablo II, "se nos revela a cada uno sólo a través del desarrollo histórico de nuestra vida y de sus acontecimientos" (*Christifideles Laici,* 58). Cada vida humana, cada vocación personal, es única.

Y aún así las vocaciones de todos los cristianos tienen ciertos elementos comunes. Uno de estos es el llamado a ser discípulo. De hecho, ser discípulos—seguir a Cristo y tratar de vivir su vida como si fuera la nuestra—*es* la vocación de los cristianos; ser discípulos en este sentido *es* la vida cristiana.

La otra lección que vemos en el relato de Juan es que las personas no escuchan el llamado del Señor aisladas de otras personas. Otros discípulos son instrumentos de su vocación y ellos también serán instrumentos del llamado del Señor para otros. Las vocaciones se comunican, se piensan, se aceptan y se viven dentro de una comunidad de fe que es una comunidad de discípulos (cf. *Redemptor Hominis* del Papa Juan Pablo II, 21) y sus miembros se ayudan mutuamente a oír la voz del Señor y a responder.

RESPONDIENDO AL LLAMADO

Jesús no sólo llama a las personas para que vengan a él sino que también las instruye y las envía a servirlo (cf. Mt 10:5ss.; Mc 6:7ss.; Lc 9:1ss.). Como consecuencia de ser discípulo tenemos que salir en una misión. Los que quieran seguir a Cristo tienen que hacer mucho trabajo en su nombre—anunciar la Buena Nueva y servir a los demás al igual que Jesús.

El llamado de Jesús es urgente. No le dice a la gente que le sigan algún día en el futuro sino ahora mismo—*en este*—momento, *en estas* circunstancias. No podemos tardarnos. "Ve y proclama el reino de Dios....todo el que pone la mano al arado y mira para atrás, no sirve para el Reino de Dios" (Lc 9:60, 62).

Pero una persona puede darle un "no" a

Cristo. Examina el relato del joven rico y bueno que se acerca a Jesús para preguntarle cómo vivir una vida mejor. Vende todo lo que posees, es la respuesta de Jesús, y dáselo a los pobres, y vuelve y sígueme. "Cuando el joven oyó esta respuesta, se fue triste, porque era muy rico" (Mt 19:22).

Cuando nos apegamos a nuestras posesiones hay un problema con la comunidad de fe. En uno de los libros que Dorothy Day escribió unos años después de su conversión al catolicismo, ella recuerda el "escándalo" de haberse encontrado con una Iglesia mundana—o mejor dicho, el sentido mundano de muchos católicos: "Sacerdotes negociantes . . . riquezas comunitarias . . . falta de sentido de la responsabilidad hacia los pobres." Ella concluye: "Hay caridad en abundancia pero muy poca justicia" (p. 140).

EL LLAMADO A SER CORRESPONSABLE

Ser discípulos de Jesucristo nos lleva naturalmente a practicar la corresponsabilidad. Estas realidades entrelazadas, ser discípulo y corresponsable, constituyen el corazón de la vida cristiana en la que cada día se vive una relación íntima y personal con el Señor.

Este modo de vida centrado en Cristo empieza en el bautismo, el sacramento de la fe. El Vaticano II dice que todos los cristianos "están obligados a manifestar con el ejemplo de su vida y el testimonio de la palabra" la nueva vida que recibieron en el bautismo y que fue

Photo CNS/The Crosiers

fortalecida por el poder del Espíritu Santo en la confirmación (*Ad gentes,* 11). La fe une íntimamente a las personas y a la comunidad de los seguidores de Jesús con el Señor y los conduce a vivir como sus discípulos. La unión con Cristo es la causa de un sentido de solidaridad y una causa común entre los discípulos y el Señor y también entre los discípulos mismos.

Seguir a Jesús es el trabajo de toda una vida.
En cada paso hacia adelante,
somos desafiados a ir más allá en nuestra aceptación
y amor por la voluntad de Dios.

Refractado en los prismas de innumerables vocaciones individuales, este modo de vida encarna y expresa la misión única de Cristo: hacer la voluntad de Dios, proclamar la Buena Nueva de salvación, sanar a los afligidos, cuidar a nuestras hermanas y hermanos, dar la vida—la vida entera—al igual que Jesús.

Seguir a Jesús es el trabajo de toda una vida. En cada paso hacia adelante, somos desafiados a ir más allá en nuestra aceptación y amor

por la voluntad de Dios. Ser un discípulo no es sólo una cosa más que se hace junto a las muchas otras que son apropiadas para los cristianos, es un modo de vida total que requiere conversión continua.

La corresponsabilidad juega un papel importante en la vida de las personas que desean seguir a Cristo. En particular, como hemos dicho, los cristianos tienen que ser corresponsables de su vocación personal, porque esta muestra a cada uno, en las circunstancias de su vida, cómo Dios quiere que uno aprecie una amplia gama de intereses y asuntos y le preste su servicio: la vida y la salud, el bienestar intelectual y espiritual personal y el de los demás; los bienes materiales y los recursos; la naturaleza; la herencia cultural de la humanidad—en fin, la rica variedad de los bienes humanos, los que ya se han logrado y los que dependen de la generación presente o de futuras generaciones para su realización. Los católicos tienen un deber también, ser guardianes de su Iglesia: la comunidad de discípulos, el Cuerpo de Cristo, del que, como individuos o unidos, son miembros y en el que "cuando uno sufre, todos los demás sufren con él, y cuando recibe honor todos se alegran con él" (1 Cor 12:26).

EL COSTO DE SER DISCÍPULO

El camino del discípulo es más privilegiado que todos los demás. Jesús dice: "Vine para que tenga vida y sean colmados" (Jn 10:10). Pero ser discípulo no es fácil. "Si alguno quiere seguirme," Jesús nos dice también, "que se niegue a sí mismo, que cargue con su cruz de cada día y me siga. El que quiera asegurar su vida la perderá, el que pierda su vida por causa mía, la asegurará" (Lc 9:23-24).

El camino del Señor no es el camino de la comodidad o de la "gracia barata" de que habla Dietrich Bonhoeffer en *El Costo de Ser Discípulo.* Esto no es la gracia real sino una quimera. Es lo que sucede cuando la gente se acerca al seguimiento de Cristo en busca de experiencias agradables y de sentirse bien. Bonhoeffer contrasta esa búsqueda con la gracia "cara." Es cara porque nos llama a seguir, y es una gracia porque nos llama a seguir a *Jesucristo*. Es cara porque requiere que el discípulo a causa de Jesús eche a un lado la búsqueda del dominio, de las posesiones y del control; y es una gracia porque concede la verdadera liberación y la vida eterna. Es cara, finalmente, porque condena el pecado, y es gratis porque justifica al pecador.

Pero todo esto es muy general. Para entender y practicar este modo de vida, la gente necesita modelos que imitar. Estos existen en abundancia en las santas y santos que nos han precedido en la fe; en tanto que la fuente suprema de nuestra guía se encuentra en la persona y en las enseñanzas de Jesús. Reflexionemos en lo que él nos dice sobre la corresponsabilidad.

Para reflexión y diálogo

1. El Señor y la Sra. Lilly hablan de "dar" la mejor porción de su tiempo, talento, y dinero a la Iglesia. ¿Qué constituiría tu "mejor porción?

2. ¿Por qué es ser corresponsable más radical que compartir tiempo, talento y dinero?

3. Si crees que has sido "llamado," ¿cuál experiencia humana, o personal ha fortalecido tu fe en el llamado?

4. ¿Qué te haría dudar en dar respuesta al llamado del Señor?

5. ¿Crees que para ser un corresponsable fiel tendrás que hacerlo solo, o tienes el apoyo moral de otros? ¿Quiénes?

6. Para que puedas ser un cristiano corresponsable ideal—con la ayuda de la gracia de Dios, por supuesto,—¿qué sacrificios personales tendrías que hacer?

7. ¿Qué te dice la palabra de Dios sobre nuestra vocación de ser discípulos y guardianes de los misterios de Dios? Comparte tus reflexiones con otros.

> Entonces Yavé me dirigió su palabra:
> "Antes de formarte en el seno de tu madre, ya te conocía;
> antes de que tú nacieras, yo te consagré, y te destiné
> a ser profeta de las naciones."
> Yo exclamé "¡Ay!, Señor Yavé, ¡cómo podría hablar yo,
> que soy un muchacho!"
> Y me contestó Yavé "No me digas que eres un muchacho.
> Irás a dondequiera que te envíe, y proclamarás todo lo que
> yo te mande. No les tengas miedo, porque estaré contigo
> para protegerte—palabra de Yavé" (Jer 1:4-8).

Pues yo soy el último de los apóstoles, y ni siquiera
merezco ser llamado apóstol, porque perseguí a la
Iglesia de Dios. Sin embargo, por la gracia de Dios
soy lo que soy y su bondad para conmigo no fue
inútil. Lejos de eso, trabajé más que todos ellos,
pero no yo, sino que la gracia de Dios conmigo.
Con todo, tanto yo como ellos predicamos este
mensaje, y esto es lo que ustedes han creído
(1 Cor 15:9-11).

He aquí a mi siervo a quien yo sostengo,
mi elegido, el preferido de mi corazón.
He puesto mi Espíritu sobre él,
y por él las naciones conocerán mis juicios.
No clamará, no gritará,
ni alzará en las calles su voz.
No romperá la caña quebrada
ni aplastará la mecha
que está por apagarse (Is 42:1-3).

8. Comenten sobre estas citas:

Una misma es la santidad que cultivan, en los múltiples
géneros de vida y ocupaciones, todos los que son guiados
por el Espíritu de Dios, y obedientes a la voz del Padre,
adorándole en espíritu y verdad, siguen a Cristo pobre,
humilde y cargado con la cruz, a fin de merecer ser hechos
partícipes de su gloria. Pero cada uno debe caminar sin
vacilación por el camino de la fe viva, que engendra la
esperanza y obra por la caridad según los dones y funciones que le son propios. (Vaticano II, *Lumen Gentium*, 41)

Sin una vocación, la existencia del hombre no tendría sentido. Hemos sido creados para llevar la responsabilidad que Dios nos ha confiado. Aunque sea diferente, cada hombre cumple con su vocación específica y carga con su responsabilidad individual (Anwar el-Sadat).

Al igual que las palabras "deber," "ley" y "religión" la palabra "vocación" tiene un sonido poco atractivo, pero en términos de lo que significa, no es nada insignificante. *Vocare*, quiere decir llamar, y la vocación de un hombre es el llamado de un hombre. Es el trabajo a que ha sido llamado para realizar en este mundo, lo que necesita hacer en su vida. Podemos hablar de un hombre escogiendo su vocación, pero tal vez también se puede decir que la vocación escoge al hombre, o que se hace un llamado y que un hombre lo oye o no lo oye. Y ese es el mejor punto de partida: el asunto de escuchar y oir. La vida de un hombre está llena de toda clase de voces que lo llaman en muchas direcciones. Algunas voces vienen de adentro y otras desde fuera. Mientras más vivos y alertas estemos más clamores habrán en nuestras vidas. ¿A cuáles escuchamos? ¿A cuál voz prestamos atención? (Frederick Buechner).

II
El Camino de Jesús

Nuestros padres nos inspiran al recordar sus vidas de entrega mutua y su dedicación a los demás. Si no hubiera sido por sus vidas de cuidado y entrega, no tendríamos la fe que tenemos hoy; y queremos pasar esa fe y amor a nuestros hijos y nietos y a los demás. Y entonces nuestros pensamientos se vuelven al sacrificio máximo que Cristo hizo por nosotros. Lo hizo, no porque tenía que hacerlo, sino por el gran amor que nos tiene. ¡Y lo único que nos pide es que lo amemos y que amemos a los demás! Pero decirle a alguien que lo amamos sin mostrarlo de manera concreta no significa nada.

Paul y Bettie Eck, Wichita, Kansas

EL EJEMPLO DE JESÚS

Jesucristo es el maestro supremo de la corresponsabilidad cristiana, como él lo es de todos los aspectos de la vida cristiana; y en las enseñanzas y en la vida de Jesús, la entrega total es fundamental. Puede parecer que la entrega tiene muy poco que ver con la corresponsabilidad cristiana, pero en el caso de Jesús esto no es así. Su entrega no es una auto-negación estéril por su propia causa; más bien, al poner su persona a un lado, se llena de la voluntad del Padre, y su satisfacción es esta: "Mi alimento es hacer la voluntad del que me envió y llevar a cabo su obra" (Jn 4:34).

La misión de Jesús es restaurar el orden de la creación de Dios que fue interrumpida por el pecado. No sólo realizó esa tarea perfectamente, paro al llamar a sus discípulos, les da el poder para colaborar con él en la tarea de la redención de ellos mismos y también de los demás.

Al describir su camino de vida, Jesús no pierde tiempo proponiendo ideales elevados pero irreales; él les dijo a sus seguidores cómo debían vivir. Las Bienaventuranzas y el resto del Sermón de la Montaña prescriben el estilo de vida de un discípulo cristiano (cf. Mt 5:3-7:27). Aunque no es atractiva para los gustos mundanos, "la sabiduría de este mundo es necedad ante Dios" (1 Cor 3:19), es bueno vivir de este modo. "El que escucha mis palabras y las practica es como un hombre inteligente que edificó su casa sobre la roca.... En cambio, el que oye estas palabras sin pon-erlas en práctica, es como el que no piensa, y construye su casa sobre la arena" (Mt 7:24,26).

LA PERSONA CORRESPONSABLE

Jesús algunas veces describe la vida del discípulo en términos de un mayordomo (cf. Mt 25:14-30; Lc 12:42-48), no porque ser un mayordomo lo contiene todo sino porque esta función ilustra un aspecto de lo que significa ser un cristiano corresponsable. Un *oikonomos* o mayordomo antiguamente era uno a quién el amo de la casa hacía responsable del cuidado de la propiedad, del manejo de sus asuntos, de asegurar que los recursos rindieran lo más posible y de compartir los recursos con otros. Era una posición de confianza y responsabilidad.

Todos los bienes temporales y espirituales han sido creados por Dios y proceden de Dios.

Una parábola al final del evangelio de Mateo (cf. Mt 25:14-30) nos da una idea de los pensamientos de Jesús sobre los mayordomos y sus funciones. Es la historia de "un hombre que iba de viaje," y que deja su riqueza en monedas de plata para que tres sirvientes se las cuiden.

Dos de ellos responden sabiamente invirtiendo el dinero y sacando buenas ganancias. A su regreso, el amo los alaba mucho y les da una buena recompensa. Pero el tercero se comportó neciamente, y por tener un temor infundado, escondió la riqueza del amo y no ganó nada; sólo recibió reproches y un castigo.

Las monedas de plata de la historia significan mucho más que el dinero. Todos los bienes temporales y espirituales han sido creados por Dios y proceden de Dios. Eso se puede decir de todo lo que los seres humanos poseen: los dones espirituales como la fe, la esperanza y el amor; los talentos del cuerpo y de la mente; las relaciones apreciadas de familiares y amigos; los bienes materiales; las realizaciones del ingenio y la destreza humana; el mundo en sí. Un día Dios nos pedirá cuentas del uso que cada persona ha hecho de la porción particular de esos bienes confiados a ella. Cada quien será juzgado en la medida de su vocación individual. Cada persona ha recibido una "suma" diferente—una mezcla especial de talentos, oportunidades, retos, puntos fuertes y débiles, posibilidades de servicios y respuestas—y el Maestro espera recibir su ganancia. El juzgará a cada individuo según lo que hicieron con lo que recibieron.

San Ignacio de Loyola empieza sus *"Ejercicios Espirituales"* con una declaración clásica del "primer principio y fundación" en el que está basado este estilo de vida. "Los seres humanos," escribe, "fueron creados para alabar, honrar y servir a Dios nuestro Señor, y de este modo salvar su alma. Las demás cosas en la faz de la tierra fueron creadas para ayudarlos a obtener el fin para el que fueron creados. Por tanto ellos deben hacer uso de esas cosas hasta el punto de que los ayuden a obtener su fin, y deben deshacerse de ellas si son un obstáculo. . . . Nuestro único deseo y elección debe ser lo que sea más propicio para el fin con que fuimos creados." San Ignacio, quien estaba totalmente comprometido con el apostolado, sabía que el uso correcto de todas las cosas incluía y requería que se usaran para servir a los demás.

¿Qué dice todo esto a gente ocupada y sumergida en asuntos prácticos? ¿Es sólo un consejo para los que tienen vocación que les exige abandonar el mundo? Jesús no lo ve así: "Busquen primero el reino de Dios y su justicia, y esas cosas vendrán por añadidura" (Mt 6:33).

EL PREMIO DEL CRISTIANO CORRESPONSABLE

Las personas que tratan de vivir corresponsablemente se preguntan que premio recibirán. Esto no es egoísmo sino una expresión de esperanza cristiana. Pedro hace la pregunta cuando le dice a Jesús, "Nosotros lo hemos dejado todo para seguirte" (Mc 10:28).

La respuesta de Cristo es más de lo que Pedro o cualquiera de los otros discípulos esperaba: "Ninguno que haya dejado casa, hermanos, hermanas, madre, padre, hijos o campos por amor a mí y la Buena Nueva quedará sin recompensa. Pues recibirá cien veces más en la presente vida en casas, hermanos, hermanas, hijos y campos; esto, no obstante las persecuciones. Y en el mundo venidero recibirá la vida eterna" (Mc 10:29-30).

Esto significa: Los que se privan recibirán más, incluyendo más deberes como cristianos corresponsables; entre las consecuencias de vivir de esta manera está la persecución; y aunque ser discípulo y corresponsable son los medios indispensables para la vida cristiana en este mundo, ellos tendrán su recompensa final en la otra vida.

Pero empieza con el presente. Ser un discípulo cristiano es un modo de vida que tiene sus premios, un camino en compañía de Jesús y la

práctica de la corresponsabilidad como parte de ese camino es en sí fuente de gran alegría. Los que viven de esta manera son felices porque han encontrado el significado y el propósito de su vida.

Durante mucho tiempo creyentes religiosos — sin descontar a los no creyentes — han debatido la pregunta del valor de la actividad humana. Una solución es considerarla como

Photo by Jeffrey High/Image Productions

un medio para lograr un fin: haz el bien ahora para obtener tu recompensa en el cielo. Otra solución omite la pregunta de la vida futura: haz el bien ahora para hacer el mundo mejor.

El Vaticano II señala una tercera solución. Reconoce que la actividad humana es meritoria por lo que puede realizar aquí y también por su relación a la vida futura. Pero, lo que es más importante, enfatiza no sólo la falta de continuidad entre esta vida y la futura, pero también el sorprendente hecho de que hay continuidad.

El reino de Dios está ya presente en la historia, imperfecto pero real (cf. Mt 10:7; *Lumen Gentium,* 48; *Gaudium et Spes,* 39). Pero sólo será realizado por el poder de Dios, a su tiempo y a su modo. Aun así, con sus buenas obras en esta vida, la gente también contribuye a la construcción del reino. Lo hace con miras a la felicidad presente y también para la realización completa que el reino—y ellas como parte de éste—alcanzará en la vida futura. El Concilio, por tanto, enseña que el propósito de la vocación humana al "servicio temporal" de los demás es precisamente con el propósito de que "preparen el material del reino de los cielos" (*Gaudium et Spes,* 38).

En Cristo, Dios ha entrado de lleno en la vida y la historia humana. Para los que son discípulos de Cristo no hay dicotomía ni contradicción entre la construcción del reino y el servicio a los demás a que están llamados los cristianos corresponsables. Estos son los aspectos de una realidad única—una realidad que se llama la vida cristiana.

El reino de Dios no es un reino terreno sujeto a la decadencia y a la destrucción; es un reino eterno de la vida futura. Pero esa "vida futura" está ligada con la presente mediante las buenas obras, los propósitos meritorios que las personas cosechan ahora. Y después que las personas hayan hecho lo mejor, Dios perfeccionará las cosas humanas y traerá la completa realización de las personas. "El trono de Dios y del Cordero estará en la Ciudad, y sus servidores le rendirán culto. Verán su rostro y llevarán su nombre sobre sus frentes. Ya no habrá noche. No necesitarán luz ni de lámparas ni del sol, porque el Señor Dios derramará su luz sobre ellos, y reinarán por los siglos de los siglos" (Apo 22:3-5).

> *Los que se privan recibirán más, incluyendo más deberes como cristianos corresponsables.*

Para reflexión y diálogo

1. ¿Cuáles son las cualidades de la vida de Jesús que nos dan la medida para nuestra vida? Haz una lista de estas características y evalúa tu propia vida y la vida de tu comunidad.

2. Si fueras a predicar un sermón sobre la corresponsabilidad, ¿cuál de las parábolas de Jesús escogerías?

3. ¿Cuáles son las medios que Jesús usó para mostrarnos cómo ser corresponsables perfectos?

4. ¿Qué puede el cristiano corresponsable esperar realmente de parte de Dios en esta vida y en la vida venidera?

5. ¿Qué es lo mejor que debes hacer en el reino de Dios en la tierra para prepararte para el reino de Dios en el cielo?

6. ¿Qué te dice la palabra de Dios sobre la invitación y los retos de caminar en los pasos de Jesús?

> Yo soy la Vid y ustedes las ramas. Si alguien permanece en mí, y yo en él, produce mucho fruto, pero sin mí no pueden hacer nada (Jn 15:5).

> Un día comenzaron a discutir sobre cuál de ellos era el más importe. Pero Jesús se dio cuenta de lo que les preocupaba y, tomando a un niño, lo puso a su lado, y les dijo: el que recibe a este niño en mi Nombre, me recibe a mí, y el que me recibe a mí, recibe al que me envió; porque el más pequeño entre todos ustedes, ése es el más grande" (Lc 9:46-48).

> No se turben; ustedes creen en Dios; crean también en mí. En la Casa de mi Padre hay muchas mansiones, y voy allá

a prepararles un lugar (si no fuera así, se lo habría dicho). Pero, si me voy a prepararles un lugar, es que volveré y los llevaré junto a mí para que, donde yo estoy estén también ustedes (Jn 14:1-3).

7. Comenten sobre estas citas:

Estar-con-Jesús se refiere a una manera de pensar, actuar, amar, relacionarse a otros, ver el mundo. Es una manera de hablar sobre nuestro deseo de seguir a Jesús, de ser guiados por su ejemplo, de aprender de Él y de permitir que Él moldee y corrija nuestras afiliaciones (William Reiser).

La pequeña criatura en el establo de Belén era un ser humano con cerebro, corazón y alma. Y era Dios. Su vida consistía en manifestar la voluntad del Padre; proclamar la Buena Nueva, de inspirar al mundo con el poder de Dios para establecer la alianza, cargar con el pecado del mundo, espiándolo con amor y llevando a la humanidad hacia la destrucción del sacrificio humano y a la victoria de la Resurrección en la nueva existencia de la gracia. En esa realización descansa la perfección de Jesús: realizar la misión y realizarse personalmente eran la misma cosa (Romano Guardini).

Los cristianos, en marcha hacia la ciudad celeste, deben buscar las cosas de arriba y gustar de ellas, lo cual en nada disminuye antes por el contrario aumenta, la importancia de la misión que les incumbe de trabajar con todos los hombres en la edificación de un mundo más humano. En realidad, el misterio de la fe cristiana ofrece a los cristianos valiosos estímulos y ayudas para cumplir con más intensidad su misión y, sobre todo, para descubrir el sentido pleno de esa actividad que sitúa a la cultura en el puesto eminente que le corresponde en la entera vocación del hombre (*Gaudium et Spes,* 57).

III
Viviendo
Corresponsablemente

*H*e aprendido a compartir porque quiero, no porque tengo que hacerlo.
Cuando compartimos sin poner condiciones no hay controles, ni intereses,
ni garantías. Eso no quiere decir que a veces no he mirado al pasado sin
cuestionar mis decisiones; sólo quiere decir que he tratado de verlo como una
experiencia de crecimiento, siempre guardando en mente la vida de Jesucristo.
Personalmente veo que la corresponsabilidad es un proceso de crecimiento. Es
una invitación a sobrepesar las prioridades. Es un proceso continuo y a veces
doloroso, pero más que todo confiere un sentido personal de felicidad y paz en mi
continuo peregrinar en la vida.

Jim Hogan, Green Bay, Wisconsin

LA CREACIÓN Y LA CORRESPONSABILIDAD

Aunque sería un error pensar que la corresponsabilidad de por sí incluye toda la vida cristiana, al profundizar en el significado de lo que la corresponsabilidad significa uno descubre este hecho asombroso: Dios quiere que los seres humanos sean sus colaboradores en el trabajo de la creación, redención y santificación; y esa colaboración incluye la corresponsabilidad en su sentido más profundo. Ejercemos esa corresponsabilidad, no sólo con nuestro poder sino también con el poder del Espíritu de verdad que Jesús prometió a sus seguidores (cf. Jn 14:16-17), y a quien vemos en acción en el primer Pentecostés inspirando a los apóstoles a comenzar la proclamación de la buena nueva del evangelio que todavía continúa (cf. Hechos 2:1-4).

La gran historia que se cuenta en la Escritura, la historia del amor de Dios por la humanidad, empieza con la labor de Dios como creador de todas las cosas: "Al principio Dios creó el cielo y la tierra . . ." (Gn 1:1). Entre las criaturas de Dios están los seres humanos: "Entonces, Yavé formó al hombre con polvo de la tierra, y sopló en sus narices aliento de vida" (Gn 2:7). Dios no sólo crea a los seres humanos, sino que también los hace a su imagen y semejanza (cf. Gn 1:26). Por tener ese parecido con Dios, la gente está llamada a cooperar con el creador en la continuación de la tarea divina (cf. El Papa Juan Pablo II, *Laborem Exercens,* 25).

La corresponsabilidad por la creación es una

25

> *Dios quiere que los seres humanos sean sus colaboradores en el trabajo de la creación, redención y santificación; y esa colaboración incluye la corresponsabilidad en su sentido más profundo.*

expresión de esto. El mandato divino a nuestros primeros padres establece este hecho. "Sean fecundos y multiplíquense. Llenen la tierra y sométanla. Manden a los peces del mar, a las aves del cielo y a cuanto animal viva en la tierra" (Gn 1:28). Someter la tierra y mandar a las criaturas no significa abusar de ellas. El segundo relato de la creación explica que Dios puso a los seres humanos sobre la tierra para que fuesen sus guardianes—"para cultivarla y cuidarla" (Gn 2:15).

Esta actividad de cultivar y cuidar tiene un nombre propio: trabajar. No es un castigo por causa del pecado. Es verdad que el pecado desvía dolorosamente la experiencia del traba-jo: "Con el sudor de tu frente comerás el pan" (Gn 3:19). Aun así, el mandato a la humanidad a colaborar con Dios en la tarea de la creación—el mandato a trabajar—viene *antes* de la caída. El trabajo es un aspecto fundamental de la vocación humana. Es necesario para la felicidad humana y la plenitud. Es parte intrínseca de asumir corresponsabilidad por el mundo.

Por tanto, el Vaticano II observa, lejos de imaginar que los logros del esfuerzo humano "se oponer al poder de Dios, y que la criatura racional pretende rivalizar con el Creador," los cristianos ven los logros humanos como "signos de la grandeza de Dios y consecuencia de su inefable designio" (*Gaudium et Spes,* 34). Aunque la cooperación en el trabajo creador de Dios lo realizan hombres y mujeres mediante las diversas manifestaciones de la vocación personal, se puede decir que tiene varias características generales.

COLABORADORES EN LA CREACIÓN

Una de esas características es una reverencia profunda ante el gran don de la vida, la propia y la de los demás, junto con la disposición de entregarse al servicio de todo aquello que preserva y fortalece la vida.

Esta reverencia y diligencia empieza con abrir los ojos a lo valioso que es el don de la vida—y eso no es fácil en vista de nuestra tendencia a olvidarnos que es un don. "¿Hay alguien que se da cuenta de lo valiosa que es la vida mientras la vive?—cada minuto?" pregunta Emily en *Our Town.* Y el director de escena responde, "No. Los santos y los poetas, tal vez—ellos se dan cuenta un poco" (Thornton Wilder, *Our Town* [New York: Harper and Row, 1958], p. 100). Sin embargo es necesario hacer el esfuerzo. El Vaticano II habla de "la misión insigne de conservar la vida" y declara que la vida desde su concepción ha de ser salvaguardada con el máximo cuidado" (*Gaudium et Spes,* 51).

En parte también, la corresponsabilidad por el mundo se expresa en el jubiloso aprecio por la naturaleza, cuya belleza creada por Dios ni el abuso ni la explotación han podido destruir.

Y por todo eso, la naturaleza nunca se
  gasta;
Siempre vive la frescura preciada en todas
  las cosas
Y aunque las últimas luces del Poniente
  negro han desaparecido
La mañana brota en el Oriente oscuro—
  porque el Espíritu Santo sobre el mundo
  respira con amoroso pecho
  y alas brillantes.
(Gerard Manley Hopkins, "God's
Grandeur" en *Poems of Gerard Manley
Hopkins* [New York, Oxford University
Press, 1950], p. 70)

Además de apreciar simplemente la belleza
natural, está la corresponsabilidad activa en
los asuntos ecológicos. La corresponsabilidad
ecológica estriba en cultivar un gran sentido
de la interdependencia humana y de la solidaridad. Por tanto pide un renovado esfuerzo

para responder a lo que el Papa Juan Pablo II
llama "las formas de pobreza estructural" que
existen en este país y en el orden internacional
(Mensaje para el Día Mundial de la Paz, 1ro
de enero, 1990). Y también señala la necesidad de reducir los gastos militares y erradicar
la guerra y las armas de guerra.

---

*La corresponsabilidad ecológica estriba
en cultivar un gran sentido de la interdependencia
humana y de la solidaridad.*

Esta forma de corresponsabilidad requiere que
muchas personas adopten estilos de vida más
simples. Esto incumbe no sólo a personas y a
sociedades ricas, sino también a los que
aunque no sean ricos en el sentido ordinario
de la palabra disfrutan del acceso a recursos y
bienes superfluos. Dentro de la Iglesia, por
ejemplo, es impor-
tante evitar hasta la
apariencia de con-
sumismo y lujo, y
esta obligación
empieza con los
obispos. El Papa
Juan Pablo II nos
dice, "simpleza,
moderación y dis-
ciplina, como tam-
bién el espíritu de
sacrificio, tienen
que ser parte de la
vida diaria, porque
si no todos sufrirán
las consecuencias
de los hábitos des-
cuidados de unos
pocos" (ibid.).

> *El trabajo es un aspecto fundamental
> de la vocación humana. Es parte intrínseca
> de asumir corresponsabilidad por el mundo.*

Al mismo tiempo, la vida de un cristiano corresponsable también requiere la continua participación de la vocación humana para cultivar la creación material. Esta productividad incluye el arte, la erudición, la ciencia y la tecnología, como también los negocios y la industria, el trabajo físico, la artesanía de todo tipo, y el servicio a los demás. El llamado trabajo ordinario ofrece al menos tantas oportunidades como muchas de las profesiones más atractivas. Una mujer que trabaja de cajera en un supermercado escribe: "Siento que mi trabajo incluye muchas cosas además de marcar las compras, aceptar el dinero de los compradores, y empacar sus compras. . . . Al hacer mi trabajo bien sé que tengo la oportunidad de hacer el trabajo de Dios. Por tanto, trato de hacer que mis clientes sientan que son especiales. Mientras les rindo servicio, ellos se convierten en las personas más importantes de mi vida" (Maxine F. Dennis en *Of Human Hands* [Minneapolis and Chicago: Augsburg Fortress/ACTA Publications, 1991], p. 49).

LA REDENCIÓN Y LA CORRESPONSABILIDAD

Cada persona tiene alguna responsabilidad natural por una porción del mundo y la obligación de reconocer el dominio de Dios mientras la cuida. Pero hay aquellos que podrían ser llamados corresponsables por la gracia. El bautismo crea cristianos corresponsables, capaces de actuar expresamente en nombre de Dios cultivando y sirviendo aquella porción del mundo que se les ha confiado. Vemos el modelo perfecto de esa corresponsabilidad en el Señor. "Porque así quiso Dios que la Plenitud permaneciera en él. Por él quiso reconciliar consigo todo lo que existe, y por él, por su sangre derramada en la cruz" (Col 1:19-20; y finalmente será a él a quien "entregue Dios Padre el reino" (1 Cor 15:24).

Aunque Jesús es el único sacerdote y mediador, sus discípulos comparten su trabajo de sacerdote. El bautismo los convierte en sacerdotes reales (1 Pt 2:9) llamados a ofrecer el mundo y todo lo que hay en el—especialmente ellos mismos—al Señor de todos. Al ejercer su oficio, ellos llenan plenamente el significado de la corresponsabilidad cristiana. Para los católicos esto implica el apropiado uso del tiempo, que incluye tiempo para orar en familia, para la lectura de las Escrituras, visitas al Santísimo Sacramento y asistencia a la misa durante la semana cuando sea posible.

Participación en la actividad redentora de Cristo también incluye, aunque no exclusivamente, el uso que la gente hace de experiencias que de otra manera no parecerían muy importantes: la necesidad, la pérdida, el dolor. "Ahora, me alegro cuando tengo que sufrir por ustedes," dice San Pablo, "así completo en mi carne lo que falta a los sufrimientos de Cristo, para bien de su cuerpo, que es la Iglesia" (Col 1:24). Aquí vamos a Jesús para que nos indique el camino. El valor que le damos al sufrimiento, dice el Papa Juan Pablo II, se transforma al descubrir su "significado salvífico" cuando se une al sufrimiento de Cristo (*Salvifici Doloris,* 27).

La penitencia también es otro aspecto de la vida cristiana. Hoy tanto como en el pasado, la Iglesia recomienda lo que el Papa Pablo VI llamaba "el triduo tradicional" de la oración, el ayuno y la limosna (*Paenitemini,* 16 de febrero de 1966), y también anima a los católicos a elegir y a adoptar otras prácticas penitenciales que correspondan a sus circunstancias particulares.

Mediante la penitencia aceptada voluntariamente uno gradualmente se libera de los obstáculos al seguimiento de Cristo que la cultura secularizada, exaltadora de la gratificación individual, pone en el camino. Estos obstáculos incluyen no sólo la búsqueda del placer sino también la avaricia, el deseo desorbitado del dominio y el control absoluto que valora a las criaturas sin referencia al Creador, el individualismo excesivo y finalmente el temor a la muerte sin la esperanza consoladora de la vida eterna.

Esas son las consecuencias del pecado—un pecado que amenaza el estilo de vida de la corresponsabilidad cristiana y la identidad de los cristianos como discípulos del Señor. "Aprendamos esta gran pero sencilla verdad," el Cardinal Newman dijo una vez, "que todos las riquezas y productos de este mundo, al ser propiedad de Dios, son para el servicio de Dios; y el pecado solamente, nada más que el pecado, los convierte a otros propósitos ("Offering for the Sanctuary" en *Parochial and Plain Sermons* [San Francisco: Ignatius Press, 1987], 1368).

El pecado hace que las personas se centren en sí mismas; se vuelvan envidiosas de las posesiones de otras personas y quieran explotarlas; se acostumbren a la relaciones medidas no según la generosidad del cristiano corresponsable sino según los cálculos del interés propio: "¿Qué saca yo de esto?" Constantemente, los cristianos tienen que pedir a Dios la gracia de la conversión: la gracia de saber quién son, de quién son, cómo deben vivir—la gracia de arrepentirse y cambiar y crecer, la gracia de ser buenos discípulos y cristianos corresponsables.

Si aceptan la gracia de Dios y se arrepienten, lucharán por cambiar y Dios responderá como el padre del Hijo Pródigo. "Se llenó de compasión" al ver a su hijo arrepentido acercarse después de una larga y dolorosa separación este padre amoroso "corrió a echarse a su cuello y lo abrazo" antes de que el hijo pudiera balbucear las palabras de arrepentimiento que había estado practicando (Lc 15:20). El amor de Dios está siempre presente. El Espíritu de sabiduría y valor ayuda a la gente a buscar el perdón y a tener presente en vista de todo lo que olvidan, que el trabajo más importante de sus vidas es ser discípulos de Jesús.

Por tanto la corresponsabilidad de los discípulos no se puede reducir a una o a otra tarea. Incluye aceptar, cultivar, compartir y disfrutar—y a veces renunciar a los bienes de la vida humana. Los cristianos viven de este modo con la confianza que proviene de la fe: saben que los bienes humanos que ellos valoran y cultivan serán perfeccionados—y ellos también alcanzarán su plenitud—en ese reino, ya presente, que Cristo perfeccionará y entregará a su Padre algún día.

Para
reflexión
y
diálogo

1. Si escoges como tu estilo de vida ser cristiano corresponsable, ¿qué problemas y dificultades anticipas?

2. En el curso de tu vida, ¿cómo has sentido el poder de ser co-creador con Dios?

3. ¿De qué manera se relacionan la corresponsabilidad cristiana y la ecología con tu cuidado personal por el medio ambiente?

4. ¿Qué piensas de la idea de ser "el guardián* de tu hermano," de participar en los esfuerzos para combatir el consumismo y hacer que los dones de Dios beneficien a todos y no sólo a unos pocos?

5. ¿Ves la conexión teológica entre la corresponsabilidad y la mediación sacerdotal?

6. ¿Qué te dice la palabra de Dios sobre la vida de los corresponsables?

> Ustedes son la sal de la tierra. Y si la sal se vuelve desabrida, ¿con qué se le puede devolver el sabor? Ya no sirve para nada sino para echarla a la basura o para que la pise la gente. Ustedes son luz para el mundo. No se puede esconder una ciudad edificada sobre un cerro. No se enciende una lámpara para esconderla en un tiesto, sino para ponerla en un candelero a fin de que alumbre a todos los de la casa. Así, pues debe brillar su luz ante los hombres, para que vean sus buenas obras y glorifiquen al Padre de ustedes que está en los Cielos (Mt 5:13-16).

> Hay diferentes dones espirituales, pero el Espíritu es el mismo; hay diversos ministerios, pero el Señor es el

mismo; hay diversidad de obras, pero es el mismo Dios quien obra todo en todos (1 Cor 12:4-6).

Ustedes no me escogieron a mí. Soy yo quien los escogí a ustedes y los he puesto para que vayan y produzcan fruto, y ese fruto permanezca. Yo les ordeno esto: que se amen unos a otros (Jn 15:16-17).

7. Comenten sobre estas citas:

Es por eso que si los cristianos se unen con la mente y el corazón al Santísimo Redentor cuando trabajan en los asuntos temporales, su trabajo es en cierto modo la continuación de la labor del mismo Jesucristo y sacarán de ella fuerza y poder redentor: "El que vive en mí y yo en él da mucho fruto." Este tipo de trabajo humano es tan elevado y ennoblecido que lleva a los hombres que participan a la perfección espiritual y pueden contribuir a la difusión y propagación de los frutos de la Redención a los demás (El Papa Juan XXIII, *Mater et Magistra,* 259).

En el sentido de un "puesto," el trabajo es una forma de ganar dinero y de ganarse la vida. Confirma a la persona definida en términos de su triunfo económico, seguridad y todo lo que el dinero puede comprar. En términos de una "carrera," el trabajo delinea el progreso de una persona durante su vida en logros y avances dentro de una ocupación específica. Produce una persona definida en términos de un triunfo más amplio y por el sentido creciente de poder y habilidad que hace del trabajo mismo una fuente de auto-estima. En el sentido más amplio de un "llamado," el trabajo constituye una idea práctica de la actividad y el carácter que convierte el trabajo que hace una persona en algo que no se puede separar de la vida de esa persona. También incluye al individuo en una comunidad de práctica disciplinada y juicios correctos cuya actividad tiene significado y valor en sí y no sólo en su productividad y la ganancia que genera. Pero el llamado no sólo une a la persona a sus compañeros de trabajo, el llamado une a la persona a la comunidad en general, una entidad en la cual el llamado de cada uno es la contribución del bienestar de todos (Robert Bellah).

Desafortunadamente, ciertos tipos de piedad cristiana intensifican el problema de dar demasiado énfasis a la vida del cielo devaluando la actividad humana en la tierra. Teilhard [de Chardin] pensó que un 90% de los cristianos practicantes de su tiempo veían el trabajo como un "obstáculo espiritual" que los alejaba de su relación con Dios. El sintió el gran conflicto en el corazón de muchos creyentes que vivían vidas dobles porque no podían reconciliar su fe en Dios con su cuidado por el mundo. Ellos no ven la conexión orgánica entre el culto del domingo y su trabajo durante la semana. En la visión de Teilhard la solución tradicional de santificar los esfuerzos de cada día con oración y buenas intenciones es válida pero incompleta, porque considera el trabajo diario como insignificante y dañino a la vida espiritual (James Bacik).

IV
Corresponsables
de la Iglesia

Cuando comencé a hacer trabajos dentales a pacientes con SIDA, sabía que estas personas necesitaban desesperadamente este servicio, pero no sabía cuanto los necesitaba yo a ellos. Con el tiempo, tratando de sanar y servir, descubrí que era yo el que estaba siendo sanado y servido. Su coraje, compasión, sabiduría y fe han cambiado mi vida. He enfrentado mi propia mortalidad, y me regocijo en el regalo diario de la vida. Mi amor por la gente ha tomado nuevas dimensiones. Beso y abrazo a mi esposa y a mi familia más que nunca, y los veo como regalos maravillosos de Dios. Mi diaconado se ha vuelto más dinámico, y mi profesión es parte vital de mi ministerio.

Dr. Anthony M. Giambalvo, Rockville Centre, New York.

LA COMUNIDAD Y CORRESPONSABILIDAD

La Nueva Alianza en y a través de Cristo—la reconciliación que él hace entre la humanidad y Dios—crea una comunidad: el nuevo Pueblo de Dios, el Cuerpo de Cristo, la Iglesia. La unidad de este pueblo es en sí un don precioso, que ha de ser apreciado, preservado y construido con vidas de amor. La Carta a los Efesios exhorta a los cristianos a "vivir de acuerdo con la vocación que han recibido. Sean humildes, amables, pacientes, y sopórtense unos a otros con amor. Mantengan entre ustedes lazos de paz, y permanezcan unidos en el mismo espíritu. Uno es el cuerpo y uno el espíritu, pues, al ser llamados por Dios, se dio a todos la misma esperanza. Uno es el Señor, una la fe, uno el bautismo. Uno es Dios, el Padre de todos" (Ef 4:1-6).

La salud y el bienestar del Cuerpo de Cristo son responsabilidad de sus miembros, cada uno de nosotros que formamos el Pueblo de Dios. Todos somos corresponsables de la Iglesia. Como "en cada uno el Espíritu revela su presencia con un don que es también un servicio" (1 Cor 12:7), así, ser corresponsable en la Iglesia significa apreciar y fomentar los dones de todos, usando los propios para servir a la comunidad de fe. La preciosa tradición del diezmo, enunciada en el Antiguo Testamento es expresión de este deber (ver Dt 14:22, Lev 27:30). "Si ustedes ambicionan los dones espirituales, estén preocupados primeramente por edificar la Iglesia, y recibirán abundantemente" (1 Cor 14:12).

Pero, ¿cómo se edifica la Iglesia? Hay tantas respuestas a esta pregunta como miembros hay en ella con vocación específicas. Sin embargo, la respuesta que está por encima de todas es esta: mediante la participación personal en la misión de la Iglesia de proclamar la Palabra, enseñar, servir y santificar y el apoyo de esa misión.

Esta participación toma diversas formas dependiendo de los diferentes dones y oficios de cada cual, pero hay una obligación fundamental que surge del sacramento del bautismo (cf. el Papa Juan Pablo II en su encíclica *Christifideles Laici*, 15): que cada uno ponga sus dones y recursos al servicio de Dios en y mediante la Iglesia. Aquí también Jesús es el modelo. Aunque su entrega fue perfecta y única, los discípulos tienen el deber y el poder de ser corresponsables generosos en la Iglesia, dando libremente de su tiempo, talento y dinero. Como dijo el apóstol Pablo, dirigiéndose no sólo a los cristianos de Corinto sino también a todos nosotros: "Además fíjense: quien siembra con mezquindad, con mezquindad cosechará, y quien hace siembras generosas, generosas cosechas tendrá . . .pues Dios ama al que da con alegría (2 Cor 9:6-7).

LA EVANGELIZACIÓN Y LA CORRESPONSABILIDAD

La corresponsabilidad por la Iglesia permite a las personas participar de diversos modos en el trabajo de evangelización y de proclamación de la Buena Nueva; en la catequesis y en la transmisión y fortalecimiento de la fe, y en trabajos caritativos a beneficio de personas necesitadas. Ser cristiano corresponsable significa apoyar los programas e instituciones de la Iglesia que promueven estos fines, pero además, dependiendo de su disponibilidad y circunstancias personales, los miembros de la Iglesia deberían involucrarse por iniciativa propia en dichas actividades.

Los padres de familia, por ejemplo, tienen un trabajo muy importante que realizar en la iglesia doméstica, el hogar. Dentro de la familia, deben enseñar a sus hijos las verdades de la fe y orar con ellos; compartir con ellos los valores cristianos ante las presiones de actuar según los valores hostiles de una sociedad secularizada; e iniciarlos en la práctica de la corresponsabilidad en todas sus dimensiones, para contrarrestar el individualismo y el con-sumismo ampliamente difundidos. Esto requerirá probablemente que se ajusten los patrones familiares de consumo y estilo de vida, incluyendo el uso de la televisión y otros medios que a veces predican valores que están en conflicto con el pensamiento de Cristo. Por encima de todo, requerirá que los padres sean a su vez modelos de corresponsabilidad, especialmente en su entrega generosa del uno al otro, a sus hijos, y a las necesidades de su iglesia y su comunidad.

Las parroquias también deben ser, o convertirse en, verdaderas comunidades de fe en las cuales se aprende y practica este modo de vida cristiana. La corresponsabilidad cristiana exige llevar unas finanzas claras, y debe incluir, cuando se refiere a las finanzas de la iglesia, las normas éticas, legales y fiscales más estrictas. Esto requiere varias cosas: que los párrocos y el personal de la parroquia sean abiertos, honrados en el manejo de los asuntos financieros y compartan en conjunto las decisiones. Y los feligreses tienen que asumir responsabilidad por la parroquia, y contribuir generosamente, tanto en dinero como en servicio personal, a sus programas y proyectos. El éxito o fracaso de los programas parroquiales, la vitalidad de la vida parroquial o su ausencia, la capacidad o incapacidad de una parroquia de prestar los servicios necesarios a sus miembros y a la comunidad, dependen de todos.

Nosotros, en consecuencia, urgimos a los católicos de cada parroquia en nuestro país a reflexionar en las palabras de San Pablo: "Ustedes sobresalen en todo: en dones de fe, de palabra y de conocimiento, en entusiasmo, además de que son los primeros en mi corazón. Traten, pues, de sobresalir en esta obra de generosidad" (2 Cor 8:7). Solo viviendo como personas corresponsables y generosas de sus comunidades cristianas locales, las parroquias, pueden los católicos de los Estados Unidos esperar convertirlas en las fuentes vitales de dinamismo cristiano que deben ser.

Al mismo tiempo, ser cristiano corresponsable en y para la parroquia no debe ser estrictamente parroquial, pues la diócesis no es meramente una estructura administrativa sino que es la unión de las comunidades llamadas parroquias en una "iglesia local", y unifica sus miembros en la fe, el culto y el servicio. El mismo Espíritu de responsabilidad que un católico siente por su parroquia debe extenderse a la diócesis y expresarse de las mismas formas: generoso apoyo material y entrega. Como en el caso de la parroquia, los católicos laicos deberán también tener un papel activo en supervisar la corresponsabilidad de los líderes pastorales y administradores a nivel diocesano. Hoy, parece claro que muchos católicos necesitan tener un mejor entendimiento de las necesidades financieras de la Iglesia a nivel

diocesano. De hecho, el espíritu y la práctica de la corresponsabilidad debe extenderse a otras iglesias locales y a la Iglesia universal—a la comunidad cristiana y a todos nuestros hermanos y hermanas en Cristo en todas partes— y manifestarse a través de hechos de servicio y apoyo mutuo. Para algunos, esto podría significar participación personal directa en los trabajos de evangelización y en las misiones, y para otros, contribuir generosamente a las colectas que se hacen para estos fines y otros valiosos programas.

Cada miembro de la Iglesia está llamado a evangelizar, y la práctica de la auténtica corresponsabilidad cristiana lleva inevitablemente a la evangelización. Como guardianes de los misterios de Dios (ver 1 Cor 4:1), ellos desean contar a otros sobre esos misterios y sobre la luz que derraman en la vida humana, y compartir los regalos y gracias recibidos de Dios, especialmente el conocimiento de Cristo Jesús, " . . . el cual ha llegado a ser nuestra sabiduría, venida de Dios, y nos ha hecho agradables a Dios, santos y libres" (1 Cor 1:30). Los seres humanos, nos dice el Papa Paulo VI, "tienen derecho a conocer la riqueza del misterio de

Photo CNS/Joel LaVallee

35

Cristo dentro del cual creemos que toda la familia humana puede encontrar, con insospechada plenitud, todo lo que busca a tientas . . ."(*Evangelii Nuntiandi,* 53).

LA SOLIDARIDAD Y LA CORRESPONSABILIDAD

La unión que surge de la Alianza supone y requiere la solidaridad humana, pero también va mas allá, produciendo frutos espirituales en la medida en que está fundamentada en la adhesión con el Señor. Dice Jesús: "Yo soy la vid y ustedes las ramas. Si alguien permanece en mí, y yo en él, produce mucho fruto . . ." (Jn 15:5). Como nos hace notar Simone Weil "Un solo pedazo de pan dado a un hambriento es suficiente para salvar un alma, siempre que se dé del modo correcto".

En este mundo, sin embargo, la solidaridad encuentra muchos obstáculos tanto a nivel individual como social. Es esencial que los discípulos de Jesús hagan todo lo que puedan para removerlos.

El obstáculo básico y más profundo es la egoísta falta de amor que debe ser reconocida y corregida por cada uno cuando se descubre en el corazón y en la vida. La ausencia de caridad en la vida de un discípulo de Jesús es en sí contraproducente e hipócrita. "El que dice: "Yo amo a Dios," y odia a su hermano, es un mentiroso" (1 Jn 4:20).

Los padres de familia tienen un trabajo muy importante que realizar en la iglesia doméstica, el hogar.

También impide la unidad y comunión la disparidad extrema de riqueza y poder existente. Esta disparidad existe hoy entre las personas, las clases sociales y las naciones. Es contraria a la solidaridad fundada en el amor que el Papa Juan Pablo II recomienda como base para un orden mundial que encarne "un nuevo modelo de unión en la raza humana" cuyo "modelo supremo" es la vida íntima de la Trinidad (*Sollicitudo Rei Socialis,* 40). Es necesario familiarizarse con toda la creciente fuente de la doctrina social de la Iglesia para poder captar y responder a los requerimientos prácticos del discipulado y de la corresponsabilidad, a la luz de las complejas realidades de la vida socioeconómica nacional e internacional de hoy día.

La justicia social, llamada por la carta pastoral *Justicia Económica para Todos* justicia contributiva, es un aspecto particular de la solidaridad. Abarcando el deber de "todas aquellas pesonas que se encuentran capacitadas de hacer su aporte a la creación de los bienes, servicios y demás valores no-materiales o espirituales necesarios para el bienestar de toda la comunidad," da sentido tanto moral como económico al concepto de la productividad. En consecuencia, "no se puede medir la productividad en término de los bienes y servicios", sino que "hay que evaluar los sistemas de producción a la luz del impacto sobre la satisfacción de las necesidades básicas, los niveles de empleo, los esquemas de discriminación, la calidad del medio ambiente y el sentido de comunidad" (*Justicia Económica para Todos,* 71).

Finalmente, y más penoso aún, la solidaridad se ve obstruida por la persistencia de los conflictos y divisiones religiosos, incluyendo los que dividen aun a los seguidores de Cristo. Los cristianos estamos trágicamente lejos de hacer realidad la oración sacerdotal de Jesús "Que todos sean uno como Tú, Padre, estás en mi y Yo en ti" (Jn 17:21).

Como se puede deducir de todo esto, nuestras vidas como discípulos y cristianos corresponsables deben ser vistas en función de los propósitos superiores de Dios. Desde el principio de su alianza, Dios tuvo en su mente hacer de muchos, uno. El prometió a Abrám:

"Haré de ti una nación grande y te bendeciré. Engrandeceré tu nombre, y tu serás una bendición . . . En ti serán benditas todas las razas de la tierra" (Gn 12:2-3). En Jesús se inaugura el Reino de Dios, un reino abierto a todos. Los que entran en la Nueva Alianza de Jesús crecen en unidad de corazón y mente con otros que también han respondido al llamado de Dios. Su corazón y mente se expanden para abarcar todos los hombres y mujeres en comunión de piedad y amor, especialmente a los que padecen necesidad.

LA CORRESPONSABILIDAD EUCARÍSTICA

El gran signo y agente de esta comunión de caridad es la Eucaristía. "Como uno es el pan, todos pasamos a ser un solo cuerpo, participando todos del único pan" (1 Cor 10:17). En la Eucaristía las personas disfrutan de una unión única con Cristo, y en él, de unos con otros. En ella Su amor, de hecho él mismo, fluye a sus discípulos y, a través de ellos y de la corresponsabilidad cristiana, a toda la raza humana. En ella Jesús renueva su pacto de fidelidad perfecta a Dios, a la vez que hace posible que nosotros cooperemos. En la Eucaristía, los cristianos reafirman su participación en la Nueva Alianza, dan gracias a Dios por las bendiciones recibidas y fortalecen sus lazos de compromiso mutuo como miembros de la comunidad que Jesús formó.

Y ¿qué deben llevar los cristianos a la celebración eucarística para añadirlo a la ofrenda de Jesús? Sus vidas como discípulos cristianos; sus vocaciones personales y el servicio que han hecho con ellas; sus contribuciones individuales al enorme trabajo de renovar todas las cosas en Cristo. Los discípulos dan gracias a Dios por los regalos recibidos y se esfuerzan por compartirlos con otros. Es por

esto que, como dice el Vaticano II de la Eucaristía, "Esta celebración para ser sincera y plena, debe conducir tanto a las varias obras de caridad y a la mutua ayuda como a la acción misional y a las varias formas de testimonio cristiano" (*Presbyterorum Ordinis,* 6).

Más que esto, la Eucaristía es el signo y agente de la comunión celestial que todos compartiremos, disfrutando de los frutos de la corresponsabilidad "libres de toda mancha, iluminados y transfigurados" (*Gaudium et Spes,* 39). No es solamente la promesa sino el comienzo del banquete celestial donde la vida humana es colmada a plenitud.

Jesús nos dio su palabra en esto: "Yo soy el pan vivo bajado del cielo; el que coma de este pan vivirá para siempre. El pan que yo daré es mi carne, y la daré para vida del mundo" (Jn 6:51). La gloria y el orgullo de los cristianos corresponsables consiste en reflejar, aunque pobremente, la corresponsabilidad de Jesucristo, que dio y aún da todo lo que tiene y es, para ser fiel a la voluntad de Dios y llevar a buen término su plan de redención de los seres humanos y del mundo.

Para reflexión y diálogo

1. ¿Has tenido la experiencia de ser "servido y sanado" por aquellos a los que tratas de servir y sanar, como el Dr. Giambalvo?

2. ¿Cuáles son las implicaciones del llamado que Dios nos hace a tener una relación (pacto) de amor con él, y a ser sólo suyos? ¿Qué significa esto en cuanto a dignidad, igualdad, unidad?

3. ¿Cómo relacionarías la Eucaristía con tu práctica de la corresponsabilidad cristiana?

4. Dentro de la Iglesia institucional, de la cual eres miembro, ¿cuáles, en orden de prioridad, son tus responsabilidades como cristiano corresponsable?

5. Además de las donaciones de "tiempo, talento y dinero," ¿qué otros deberes tienen los cristianos corresponsables dentro de la Iglesia?

6. ¿Cómo puede desarrollar la corresponsabilidad eucarística tus convicciones sobre la solidaridad mundial: "el mundo es la aldea de Dios en la tierra"?

7. ¿Qué te dice la Palabra de Dios sobre alianza, comunidad, solidaridad . . . sobre la corresponsabilidad eucarística?

> [Jesús] les preguntó: "¿Cuántos panes tienen?" Ellos respondieron: "Siete." Entonces, él mandó a la gente que se sentara en el suelo y, tomando los siete panes, dio gracias, los partió y empezó a darlos a sus discípulos para que los repartieran, y ellos se los sirvieron a la gente. Tenían además unos pescaditos; Jesús pronunció la bendición y mandó que también los repartieran. Todos comieron hasta saciarse, y de los pedazos que sobraron recogieron siete cestos" (Mc 8:5-8).

"Yo, como buen arquitecto, puse las bases según la capacidad que Dios me ha concedido; otro después ha de levantar la casa. Que cada uno, sin embargo, se fije como construye encima. Pues la base nadie la puede cambiar; ya está puesta y es Cristo Jesús. Pero, con estos cimientos, si uno construye con oro, otro con plata o piedras preciosas, o con madera, caña o paja, llegara a saberse cómo cada uno trabajó. El día del Juicio lo dará a conocer, porque en el fuego todo se descubrirá. El fuego probará la obra de cada cual" (1 Cor 3:10-13).

Los recogeré de todos los países, los reuniré y los conduciré a su tierra. Derramaré sobre ustedes agua purificadora y quedarán purificados. Los purificaré de toda mancha y de todos sus ídolos. Les daré un corazón nuevo, y pondré dentro de ustedes un Espíritu nuevo. Les quitaré del cuerpo el corazón de piedra y les pondré un corazón de carne. Infundiré mi Espíritu en ustedes para que vivan según mis mandatos y respeten mis ordenes. Habitarán en la tierra que yo di a sus padres. Ustedes serán para mí un pueblo y a mí me tendrán por su Dios (Ez 36:24-28).

8. Comenten sobre estas citas:

Una comunidad es un grupo de personas que comparten una historia y cuyas interpretaciones comunes de esa historia les dan la base para acciones comunes. Estas interpretaciones pueden ser muy diferentes y controversiales aun dentro de la comunidad, pero son suficiente para darles a los miembros el sentimiento de que son más parecidos que diferentes (Stanley Hauerwas).

Un correcto entendimiento del bien común abarca la suma total de todas las condiciones sociales de vida, donde los hombres pueden conseguir su propia perfección más plenamente y más rápido (Papa Juan XXIII, *Mater et Magistra*).

El Reino de Dios, en consecuencia, no es un orden fijo existente, sino algo con vida, muy cercano. Antes remoto, ahora avanza, poco a poco, y se ha acercado tanto que ya demanda aceptación. El Reino de Dios quiere decir un estado en el cual Dios es rey, y por tanto, gobierna (Romano Guardini).

V
El Cristiano Corresponsable

Sucedió hace dieciséis años pero me parece que fue ayer. De repente se me presentó una cirugía de emergencia lo que nunca pensé me fuera a suceder a mí. Siempre era algo que le sucedía a otros. La memoria está todavía allí, y recuerdo con claridad los días antes de la cirugía. Realmente recibí la gracia de preguntarme, "¿qué posesiones tengo, y qué me posee a mí?" Cuando llevan a uno a la sala de operaciones no importa quién eres o qué posees. Lo que importa es la confianza que tienes en el cirujano y sus ayudantes y en la bondad de Dios. Sé que mi entendimiento y aprecio de los dones y recursos que poseo asumió un nuevo significado. Es sorprendente como la economía divina de la vida y la salud nos proporciona una perspectiva única de lo que es realmente importante.

Muy Reverendo Thomas J. Murphy, Arzobispo de Seattle

Mientras que el Nuevo Testamento no presenta un cuadro completo de la corresponsabilidad cristiana en un sólo lugar, hay elementos diversos en muchas de sus páginas.

En el Evangelio, Jesús habla del "mayordomo fiel e inteligente" a quien el amo de casa pone al frente de los otros sirvientes "para repartirles a su debido tiempo la ración de trigo" (Lc 12:42; cf. 24:25). Obviamente, los buenos mayordomos saben que tienen que compartir con otros lo que han recibido y que tienen que hacerlo a tiempo y que Dios tomará cuentas de si lo han hecho bien o mal. Si el mayordomo mal gasta los bienes de su patrón y maltrata a los otros miembros de la casa, "vendrá su patrón el día que no lo espera y a la hora menos pensada; le quitará el puesto y lo tratará como a los traidores" (Lc 12:46).

En la vida de los discípulos, sin embargo, se necesita algo más para la corresponsabilidad. Necesitan un cierto rayo de luz—una manera de *ver*—para poder comprender el mundo y su relación a él de una manera diferente y nueva. "El mundo está lleno de la grandeza de Dios," exclama Gerard Manley Hopkins; es esta visión de la grandeza divina de todo lo creado lo que más ayuda a una persona a empezar en el camino de la corresponsabilidad cristiana.

No sólo en la naturaleza se puede ver a Dios presente y activo, sino también y especialmente en el corazón humano.

"No se equivoquen. . . . Todo don valioso, todo regalo precioso viene de lo alto" (Stgo 1:17), y esto es cierto sobre todo en lo referente a los

---

La vida de un cristiano corresponsable,
vivida en imitación a la vida de Cristo,
tiene muchas exigencias y dificultades; pero aquí
y en el más allá está llena de alegrías intensas.

---

dones espirituales. Aunque son muchos, "todo es obra del mismo y único Espíritu" (1 Cor 12:11)—incluyendo el don del discernimiento que nos ayuda a decir: "Nosotros no hemos recibido el espíritu del mundo, sino el Espíritu que viene de Dios, y por él entendemos lo que Dios, en su bondad, nos concedió (1 Cor 2:12). Por eso tenemos el poder de vivir como cristianos corresponsables, tratando de realizar el ideal que nos dio Pablo: "Entonces, sea que coman, sea que beban, o cualquier otra cosa que hagan, háganlo todo para gloria de Dios (1 Cor 10:31).

Los cristianos corresponsables son conscientes y fieles. El primer requisito de un cristiano corresponsable es haber "sido fiel" (1 Cor 4:2). En el presente caso, además, ser corresponsable implica un deber sagrado. Si los cristianos lo comprenden y tratan de vivirlo completamente, llegan a darse cuenta de que no son nada menos que los "colaboradores de Dios"

(1 Cor 3:9), con una participación propia en el trabajo creativo, redentor y santificador de Dios. Visto así, los cristianos corresponsables están totalmente conscientes de su deber. No viven ni mueren para sí; sino que "si vivimos, vivimos para el Señor, y si morimos, morimos para el Señor (Rom 14:8).

Los cristianos corresponsables son generosos por amor y por deber. No pueden fracasar en su caridad y lo que ella significa. El Nuevo Testamento está lleno de admoniciones a los que podrían sentir la tentación de sustituir el amor verdadero por el falso. Por ejemplo: "Cuando alguien goza de las riquezas de este mundo, y, viendo a su hermano en apuros, le cierra su corazón, ¿como permanecerá el amor de Dios en él?" (1 Jn 3:17). O esto: "Ahora les toca a los ricos. Lloren y lamenten por las desgracias que les vienen encima. Sus reservas se han podrido y sus vestidos están comidos por la polilla. De repente se oxidaron su oro y plata; el óxido se transforma en acusador ante Dios, y llega a ser fuego que a ustedes les quema las carnes. ¿Cómo pudieron hacer reservas en los últimos tiempos?" (Stgo 5:1-3).

¿Qué deben hacer los cristianos entonces? La vida del cristiano corresponsable tiene formas innumerables según la vocación individual y las circunstancias. Aun así, el patrón fundamental en cada caso es simple y permanente: "Háganse esclavos unos de otros por amor . . . ayúdense mutuamente a llevar sus cargas y así cumplirán la ley de Cristo (Gal 5:13, 6:2). Esto incluye ser guardianes de la Iglesia porque se nos ha dicho específicamente, "la Iglesia del Dios vivo" es "la Casa de Dios" (1 Tim 3:156), y es esencial que pongamos la corresponsabilidad en práctica allí.

La vida de un cristiano corresponsable, vivida en imitación a la vida de Cristo, tiene muchas exigencias y dificultades; pero aquí y en el más allá está llena de alegrías intensas. Al igual que Pablo, el cristiano corresponsable puede decir, "Me siento muy animado y reboso de alegría en todas estas amarguras" (2 Cor 7:4). Las personas que desean vivir de esta manera aprenden que "Dios dispone todas las cosas para bien de los que lo aman" (Rom 8:28). Es parte de su experiencia personal que Dios es "rico en misericordia [y] lo que somos es obra de Dios; él nos ha creado en Cristo Jesús, con miras a las buenas obras que dispuso desde antes, para que nos ocupáramos en

oto CNS/Richard Finke

ellas" (Ef 2:4, 10). Fácilmente gritan con el corazón: "Alégrense en el Señor en todo tiempo. Les repito: alégrense" (Fil 4:4). Anticipan con esperanza oír la voz del Maestro dirigida a los que han vivido como discípulos fieles a las exigencias dc la corresponsabilidad diciendo: "¡Vengan, los bendecidos por mi Padre! Tomen posesión del reino que ha sido preparado para ustedes desde el principio del mundo" (Mt 25:34).

Después de Jesús, la Santísima Virgen María es la que con su ejemplo nos enseña más claramente el significado completo de lo que es ser discípulo y cristiano corresponsable.

Todos los elementos esenciales se pueden ver en su vida: ella fue llamada y bendecida por Dios; respondió generosamente, con creatividad y prudencia; comprendió el papel de "esclava" que Dios le dio en términos de servicio y fidelidad (ver Lc 1:26-56). Como Madre de Dios, su corresponsabilidad consistió en su servicio de madre a Jesús y su devoción hacia él, en su infancia, en su vida adulta y hasta en sus horas de agonía en la cruz (Jn 16:25). Como Madre de la Iglesia, su corresponsabilidad fue articulada claramente en el capítulo final del Concilio Vaticano II *La Constitución de la Iglesia, Lumen Gentium* (cf. 52-69). El Papa Juan Pablo II observa: "María es una de las primeras personas que creyó, y precisamente con su fe de Esposa y Madre ella desea ser mediadora de los que confían en ella como hijos" (*Redemptoris Mater,* 46).

En vista de todo esto, sólo queda hacernos esta pregunta: ¿Deseamos también ser discípulos de Jesucristo? El Espíritu está listo a mostrarnos el camino—un camino del cual forma parte la corresponsabilidad.

Génesis, al contar la historia de la creación, dice que Dios contempló lo que había creado y lo halló bueno; y al ver al mundo y todo lo bueno en él, Dios se lo confió a los seres humanos. "Yavé plantó un jardín: y puso allí a seres humanos para que "lo cuidaran y cultivaran" (Gn 2:8, 15). Ahora, como en el pasado y siempre, es parte central de la vocación humana que seamos buenos cristianos corresponsables de lo que hemos recibido—este jardín, este taller divino-humano, este mundo y todo lo que hay en él—y pongamos nuestra mente y corazón a la tarea de crear y redimir en cooperación con nuestro Dios, Creador y Señor de todo.

Como Ser un Cristiano Corresponsable

RESUMEN DE LA CARTA PASTORAL DE LOS OBISPOS DE LOS ESTADOS UNIDOS SOBRE LA CORRESPONSABILIDAD

El don que cada uno haya recibido, pónganlo al servicio de los otros, como buenos administradores* de la multiforme gracia de Dios (1 Pt 4:10, Biblia de Jerusalén).

¿Qué significa ser un cristiano corresponsable? Cuidar los recursos humanos y materiales y usarlos responsablemente es una respuesta. Pero ser un cristiano corresponsable significa más. Los cristianos corresponsables aceptan los dones de Dios con gratitud, los cultivan con responsabilidad, los comparten de manera justa y amorosa con los demás y se los devuelven al Señor con creces.

LOS DISCÍPULOS SON CRISTIANOS CORRESPONSABLES

Comencemos por ser discípulo—o sea, una persona que sigue a nuestro Señor Jesucristo. Por ser miembros de la Iglesia Jesús nos llama a ser discípulos. Esto tiene serias implicaciones:

— Los discípulos maduros hacen una decisión consciente y firme de seguir a Jesús, sin importarles lo que cueste.

— Los discípulos cristianos tiene una conversión—un cambio de corazón y mente que afecta toda la vida—y hacen un compromiso con el Señor.

— Los cristianos corresponsables responden de manera especial al llamado a ser discípulos. La corresponsabilidad tiene el poder de formar y moldear la manera en que entendemos nuestra vida y la forma en que la estamos viviendo.

Los discípulos de Jesús y los cristianos corresponsables reconocen que Dios es el origen de la vida, el dador de libertad y la fuente de todas las cosas. Estamos agradecidos por los dones que hemos recibidos y estamos dispuestos a usarlos de manera que muestren nuestro amor por Dios y por el prójimo. Estudiamos la vida y las enseñanzas de Jesús en busca de una guía para vivir como cristianos corresponsables.

*Se optó por adoptar la palabra corresponsable para traducir el término inglés stewart *cuyo significado va más allá de la palabra administrador o mayordomo.*

CORRESPONSABLES POR LA CREACIÓN

La Biblia contiene un mensaje profundo sobre la corresponsabilidad de la naturaleza: Dios creó el mundo pero se lo encomendó a los seres humanos. Cuidar y cultivar el mundo incluye lo siguiente:

— el aprecio entusiasta por las bellezas y maravillas de la naturaleza;

— la protección y la preservación del medio ambiente, que es la corresponsabilidad ecológica;

— el respeto por la vida humana—protegiendo la vida de cualquier amenaza o ataque y haciendo todo lo posible para enriquecer ese don y ayudarlo a florecer; y

— el desarrollo de este mundo mediante el noble esfuerzo humano—las labores físicas, los negocios y las profesiones, las artes y las ciencias. A ese esfuerzo le llamamos trabajo.

El trabajo es una vocación humana que nos hace sentir realizados. El Concilio Vaticano II señala que, mediante el trabajo no sólo contribuimos a nuestro mundo sino también al reino de Dios, que está ya presente entre nosotros. El trabajo es nuestra asociación con Dios—nuestra colaboración divina–humana en la creación. El trabajo ocupa un lugar central en nuestra vida como cristianos corresponsables.

CORRESPONSABLES DE LA VOCACIÓN

Jesús llama a sus discípulos a un estilo de vida diferente—el estilo cristiano de vida— del cual forma parte la corresponsabilidad.

Pero Jesús no nos llama como entes sin nombre de una muchedumbre sin rostro. Él nos llama individualmente por nuestro nombre. Cada uno de nosotros—sacerdote, religioso o laicos; casado o soltero; adulto o niño—tiene una vocación personal. Dios quiere que cada

uno de nosotros desempeñe un papel único en su plan divino.

El reto, entonces, es poder discernir cuál es el papel—nuestra vocación—y responder con generosidad a este llamado del Señor. La vocación cristiana implica ser corresponsables. También Cristo nos llama a ser corresponsables de la vocación personal que hemos recibido de Dios.

CORRESPONSABLES DE LA IGLESIA

Como corresponsables de los dones de Dios no somos beneficiarios pasivos. Cooperamos con Dios en nuestra redención y en la redención de otras personas.

También estamos obligados a ser corresponsables de la Iglesia—colaboradores y cooperadores en la continuación del trabajo redentor de Jesucristo, que es la misión esencial de la Iglesia. Esta misión: la predicación y la enseñanza, el servicio y la santificación, es nuestro trabajo. Es la responsabilidad personal de cada uno de los que se consideran corresponsables de la Iglesia.

Cada miembro tiene una función diferente que desempeñar dentro de la misión de la Iglesia:

— los padres que educan y guían a sus hijos a la luz de la fe;

— los feligreses que trabajan concretamente de distintas maneras para convertir a sus parroquias en verdaderas comunidades de fe y fuentes dc servicio a toda la comunidad;

— todos los católicos que dan generosamente su apoyo—tiempo, dinero, oraciones y servicio personal de acuerdo a sus circunstancias—a los programas e instituciones de la diócesis y de la Iglesia universal.

OBSTÁCULOS A LA CORRESPONSABILIDAD

Las personas que deciden vivir como discípulos y cristianos corresponsables se enfrentan a serios obstáculos.

En los Estados Unidos y otras naciones desarrolladas, la cultura secular dominante contradice en muchas formas las convicciones de nuestra tradición religiosa sobre el significado de la vida. Esta cultura frecuentemente incita a los individuos a centrarse en sí y en los placeres. Muchas veces es demasiado fácil ignorar las realidades espirituales y negar a la religión un papel en la formación de los valores humanos y sociales.

Como católicos que hemos penetrado en esta corriente de la sociedad estadounidense y recibido sus beneficios, muchos hemos sido influenciados por esta cultura secular. Sabemos lo que significa luchar en contra del egoísmo y la avaricia y reconocemos que es más difícil para muchos aceptar las exigencias de ser cristianos corresponsables.

En consecuencia, es esencial que hagamos un esfuerzo mayor para comprender lo que significa ser un cristiano corresponsable y vivir de tal manera.

LA VIDA DEL CRISTIANO CORRESPONSABLE

La vida de un cristiano corresponsable trata de imitar la vida de Cristo. Es un modo de vida exigente y difícil en muchos aspectos, pero hay intenso gozo para los que se arriesgan a vivir como cristianos corresponsables. Mujeres y hombres que buscan vivir corresponsablemente aprenden que "Dios dispone todas las cosas para bien de los que lo aman" (Rom 8:28).

Después de Jesús, vemos en María el ejemplo ideal para los cristianos corresponsables. La madre de Cristo supo vivir su ministerio en espíritu de fidelidad y servicio; ella respondió generosamente al llamado (ver Lc 1:26-56).

Tenemos que preguntarnos: ¿Deseamos ser discípulos de Jesús y cristianos corresponsables de nuestro mundo y nuestra Iglesia?

Parte central de nuestra vocación humana y cristiana, como también de la vocación que cada cual recibe de Dios, es que seamos corresponsables de todos los dones que hemos recibido. Dios nos da este taller divino–humano, este mundo y esta Iglesia nuestra.

El Espíritu nos muestra el camino.

La corresponsabilidad cristiana es parte de nuestro camino.